Michaelis/Schmid
Wissenschaft in Deutschland

Prof. Harnack

Adolf von Harnack, geschnitten von Gerhard Lüling. [Aus dem Archiv seines Enkels Prof. Dr. med. Gustav-Adolf von Harnack, Düsseldorf.]

Wissenschaft in Deutschland

Niedergang und neuer Aufstieg

Von Dr. Anthony R. Michaelis, London
Dr. Roswitha Schmid, München

Mit einem Geleitwort von Prof. Dr. Reimar Lüst,
Präsident der Max-Planck-Gesellschaft, München

Mit 44 Abbildungen, 2 Tabellen

PAPERBACK DER ZEITSCHRIFT
NATURWISSENSCHAFTLICHE RUNDSCHAU

Wissenschaftliche Verlagsgesellschaft mbH Stuttgart 1983

Die vorliegende Ausgabe ist die deutsche,
erweiterte Fassung des in der Zeitschrift
Interdisciplinary Science Reviews, London,
Band 6 (1981), Seiten 283-311, erschienenen Beitrags
von Dr. A. R. Michaelis.

CIP-Kurztitelaufnahme der Deutschen Bibliothek

Michaelis, Anthony R.:
Wissenschaft in Deutschland: Niedergang u.
neuer Aufstieg / von Anthony R. Michaelis;
Roswitha Schmid. Mit e. Geleitw. von Reimar
Lüst. - Stuttgart: Wissenschaftliche
Verlagsgesellschaft, 1983.
(Paperback der Zeitschrift Naturwissenschaftliche Rundschau)
ISBN 3-8047-0690-8

NE: Schmid, Roswitha:

Printed in Germany
Satz und Druck: Druckhaus Münster, Stuttgart

Inhaltsverzeichnis

Geleitwort

Immer stärker wird uns bewußt, daß Wissenschaft und Forschung sich zunehmend zu einer die Geschichte und das Schicksal der Menschen mitgestaltenden Kraft entwickelt haben. Deshalb sind historische Untersuchungen von besonderem Interesse, die sich nicht auf die Entwicklung einzelner Wissenschaftsgebiete beschränken, sondern die Pflege der Wissenschaften als Ganzes und die Wechselwirkungen zwischen Wissenschaft, Wirtschaft und Politik im Zusammenhang darstellen.

Nun gehört zur Geschichtsschreibung immer eine gewisse zeitliche Distanz zu den Ereignissen, denn erst die Entfernung macht das Einordnen von Fakten und Verläufen, das Gewichten und Bewerten sicherer. So ist nicht zu verwundern, daß es bis vor kurzem kaum Ansätze zu übergreifenden Darstellungen zur Entwicklung der Wissenschaft in Deutschland nach dem Zweiten Weltkrieg gab. Erst allmählich wird die Zeit reif für ein Urteil darüber, wie die Wissenschaft die Zäsur des Nationalsozialismus und des Zweiten Weltkriegs und den Neuanfang nach dem völligen Zusammenbruch bewältigt hat.

Aber nicht allein zeitliche, auch räumliche Distanz, der Blickpunkt eines Außenstehenden, kann einer objektiven, um unvoreingenommene Darstellung bemühten Geschichtsschreibung sehr zugute kommen. Nicht zuletzt deshalb war ich der Meinung, daß Antony Michaelis der ideale Autor für einen Bericht über den Wiederaufbau der Wissenschaft in Deutschland sei. Er hat – als in Deutschland Geborener, aber seit fünf Jahrzehnten in England Lebender – die Sicht des Auslands und ist doch Kenner der deutschen Verhältnisse genug, um kraft eigenen Urteils mögliche Fehleinschätzungen zu korrigieren.

Anthony Michaelis hat mit seinem Bericht, der 1981 zunächst in englischer Sprache in der von ihm herausgegebenen Zeitschrift „Interdisciplinary Science Reviews“ erschien, einen – wie ich finde – wesentlichen Baustein zur Geschichte der Wissenschaften in Deutschland nach 1945 geliefert. Der Wissenschaftlichen Verlagsgesellschaft und Roswitha Schmid,

Redakteurin der Zeitschrift „Naturwissenschaftliche Rundschau“ ist dafür zu danken, daß sie den Text nun auch in deutscher und erweiterter Fassung vorlegen.

München, im Juli 1983 Reimar Lüst

Einführung

Ich bin der „Überzeugung, daß nur der naturwissenschaftliche Fortschritt die im Weltkriege zerstörten Güter zurückbringt."

Berlin, im November 1923. Fritz Haber

Am Ende des Zweiten Weltkrieges lag Deutschland in Trümmern und die Wissenschaft befand sich im Stillstand. Seither, im Verlauf etwa einer Generation, sind große Anstrengungen gemacht worden, die eminente Position auf wissenschaftlichem Gebiet, die Deutschland vor 1933 einnahm, wiederzuerlangen. Nur einige der vielen Faktoren für den erfolgreichen Neuaufstieg wollen wir im Folgenden näher betrachten und versuchen, die Verluste und Gewinne gegeneinander abzuwägen.

Die Situation der Wissenschaft eines Landes steht in enger Beziehung zu den Hochs und Tiefs der wirtschaftlichen und politischen Lage. Ein typisches Beispiel dafür sind die Ereignisse in Deutschland nach 1930. Zu den großen wissenschaftlichen Umwälzungen, die hier von 1930 bis 1980 stattgefunden haben, gehört insbesondere die Periode des Wiederaufbaus, die im Abgrund von 1945 begann und sich heute noch in der Aufwärtsentwicklung befindet. Ein solcher Überblick ist naturgemäß interdisziplinär, da er den Einfluß der Wissenschaft und der Technik auf das Schicksal Deutschlands und umgekehrt den Einfluß der deutschen Wirtschaft und der politischen Wiedergeburt auf den Zustand seiner Wissenschaft schildert. Viele Organisationen und Institutionen spielten dabei eine Rolle. Im Rahmen unserer Analyse wollen wir einige davon beispielhaft näher betrachten.

Die Durchführung einer solch umfassenden Untersuchung war verhältnismäßig leicht, da viele historische Dokumente erhalten sind und, noch wichtiger, weil einige der Architekten des Wiederaufbaus der Wissenschaft in der Bundesrepublik Deutschland dem Autor ihre Erinnerungen persönlich mitgeteilt haben (siehe S. 85). Das Ziel dieser Studie war, festzustellen, ob die Wissenschaft in Deutschland wieder die Bedeutung erreicht hat, die sie in der Zeit vor Hitler besaß. Dies ist bis jetzt noch nicht der Fall; es mag durchaus noch eine Generation dauern, wobei es allerdings fraglich ist, ob solch eine Größe überhaupt jemals wieder erreicht werden kann. Die Zukunft wird es uns zeigen. Interessant wäre ferner ein

Vergleich des Wiederaufbaus der Wissenschaft in Deutschland mit ähnlichen Erneuerungen in anderen Ländern. Jedoch solch eine weltweite Erhebung sei anderen überlassen. Vielleicht geben die folgenden Ausführungen den Anlaß zu Untersuchungen auf diesem noch völlig unerforschten Gebiet der Wissenschaftsgeschichte.

Das Büchlein ist die deutsche, etwas erweiterte Fassung meiner Arbeit „The Recovery of Science in Germany“ [Interdisciplinary Science Reviews 6, No. 4, 283-311 (1981)]. Mein Dank gilt dem verständnisvollen Verleger Hans Rotta, Stuttgart, und Roswitha Schmid, München (Herausgeber der Zeitschrift „Naturwissenschaftliche Rundschau“), die die Anregung zu dieser Publikation gegeben haben. Roswitha Schmid verdanke ich ferner ihre ausgezeichnete Mitarbeit bei der Abfassung des deutschen Manuskripts.

London, im September 1983 Anthony R. Michaelis

Finis Germaniae?

Man braucht eine ungeheure Vorstellungskraft, um sich aus dem wohlhabenden, leistungsfähigen und materialistischen Deutschland von heute zurückzuversetzen in die Zeit der besiegten und völlig zusammengebrochenen Nation im Jahr 1945. Damals waren Deutschlands Städte dem Erdboden gleich oder nur noch rauchende Ruinen; Kolonnen von über zehn Millionen Flüchtlingen zogen von Ost nach West; Kinder froren und hatten keine Schuhe; die Feuersbrunst in Hamburg und die Vernichtung Dresdens waren in frischer Erinnerung. Die Bombenlöcher in den Autobahnen, die geschlagene Wehrmacht auf dem Rückzug, das Chaos auf den Schienen – alles zusammen ein Bild der totalen Zerstörung, ohne Beispiel in der modernen Geschichte. Es war das Ergebnis der totalen militärischen Niederlage von Hitlers Tausendjährigem Reich durch den Krieg mit den Russen im Osten und den Alliierten (Briten, Franzosen und Amerikaner) im Westen. Hinzugekommen wäre noch „die Vernichtung aller militärischen Verkehrs-, Nachrichten-, Industrie- und Versorgungsanlagen sowie Sachwerte innerhalb des Reichsgebietes", wenn Hitlers letzte wahnsinnige Befehle aus seinem Berliner Bunker [1] vom 20. März 1945 ausgeführt worden wären. Aber es siegte die Vernunft, und die meisten Deutschen waren bereit, wenn nicht gar begierig, von den rasch vorrückenden alliierten Armeen überrannt zu werden und auf diese Weise für immer dem Wahnsinn des Dritten Reiches zu entkommen. Immerhin erinnerte sich die ältere Generation nur zu gut daran, daß schon einmal zuvor in ihrem Leben ein Krieg verloren worden war, und daß trotz sehr schwerer Zeiten, einer Hyperinflation und der Besetzung des Rheinlandes während der Weimarer Republik der Wohlstand wieder eingetreten ist. Zwar ist das Ausmaß der Zerstörungen und der Opfer aus der Zivilbevölkerung im Ersten Weltkrieg im Vergleich zum Zweiten Weltkrieg nur gering gewesen; doch durch harte Arbeit und Einfallsreichtum wurde die erste Katastrophe überwunden, und das mochte auch jetzt möglich sein. Neue Hoffnung gab es für viele, die dem NS-Regime nur Lippendienste geleistet hatten, und man glaubte, daß Hilfe aus dem Ausland auch dann der Bundesrepublik Deutschland zukommen würde, wenn der ruhende Konflikt zwischen den westlichen und östlichen Alliierten wieder zum Ausbruch käme.

Über die Hitlerzeit in Deutschland gibt es eine Unmenge Literatur: Schätzungen zufolge haben die British Library in London und die Library

Abb. 1. Das Kaiser-Wilhelm-Institut für Chemie in Berlin-Dahlem 1945.

Abb. 2. Die große Halle der Ludwig-Maximilians-Universität München im Jahr 1945.

of Congress in Washington seit 1945 über 55 000 Veröffentlichungen zum Thema „Hitler und der Zweite Weltkrieg“ registriert. Aber offenbar wurde nur wenig über die Vernichtung und die darauffolgende Wiedergeburt der wissenschaftlichen Institutionen Deutschlands geschrieben. Seit ich zuletzt, vor fast 20 Jahren, darüber berichtet habe [2], hat sich in der Bundesrepublik Deutschland vieles gebessert.

In den ersten Jahren nach Kriegsende war das Leben für die Deutschen außerordentlich hart, und es machte kaum einen Unterschied, ob jemand Physik, Chemie oder überhaupt nichts studiert hatte. Überleben war der einzige Wunsch, und der war nicht leicht zu erfüllen. So hatte eine einzige Zigarette den Wert von 5 Reichsmark, man konnte von eineinhalb Päckchen einen Monat lang leben. Ein Pfund Kaffee reichte für 6 Monate – Tauschgeschäfte und der Schwarze Markt beherrschten das Leben. Am meisten Glück hatten die Wissenschaftler, deren Institute aufs Land verlegt worden waren, wo es noch Bäume gab, die man im kalten Winter 1945/46 verheizen konnte, wo eine Hose gegen zwei Körbe Kirschen getauscht werden konnte und einer davon wieder gegen etwas Speck und Wurst, oder wo eine 40-Watt-Glühlampe 10 frische Eier, eine mit 60 Watt 15 Eier wert war. Überleben war zur Universalwissenschaft aller geworden.

Bevor wir uns aber damit befassen, wie die Wissenschaft in Deutschland überlebte und dann wieder auf einen mit seinen Nachbarländern vergleichbaren Stand aufgebaut wurde, müssen wir in die Tiefen hinabschauen, in die sie gesunken war, und die Gründe, die zu ihrem Zusammenbruch führten, näher betrachten.

Der Zusammenbruch und seine Ursachen

Schon viele haben versucht, die Ideologie und die Politik, den Atavismus und den Mangel an geopolitischem Verständnis der Nationalsozialisten zu analysieren; aber wie konnte ein Land, dessen Wissenschaftler und Ingenieure Geschichte gemacht haben, deren Namen weltberühmt sind, sich einer solchen Torheit wie dem Nationalsozialismus unterwerfen? Wer kennt nicht solche Namen wie Fraunhofer, Humboldt, Helmholtz, Hertz, Röntgen, Liebig, Bunsen, Virchow, Koch, Kepler, Zeiss, Siemens, Daimler, Benz, Diesel, Zeppelin, Messerschmitt und Wernher von Braun?

Aber sowohl die Wissenschaft selbst als auch ihre Geschichte bedeutete kaum etwas für die NS-Hierarchie. Natürlich wurde die militärische Technologie in gewissem Maße ausgenutzt und führte zum Beispiel zu der weltbekannten V 2-Rakete; aber der Wert der reinen Wissenschaft und der Grundlagenforschung für die moderne Kriegsführung wurde völlig ignoriert, eine Tatsache, die als einer der Gründe für die Niederlage anzusehen ist. Unter den Regierungsspitzen war Goebbels der einzige Akademiker und typisch die Antwort Görings, als erstmals Radargeräte für den Gebrauch in der Luft angeboten wurden: „Ich brauche kein Kino in meinen Flugzeugen!"

Albert Speer, Architekt und Reichsminister für Bewaffnung und Munition seit 1942, war zweifellos der fähigste Organisator in Deutschland während des Zweiten Weltkrieges. Im September 1944, nur acht Monate vor Kriegsende, hatte die Produktion von Kampfflugzeugen pro Monat 3000 und von Panzern 900 pro Monat erreicht; jedoch beruhte dies keineswegs auf irgend einem wissenschaftlichen Verständnis. Die bisher einzige wertvolle Studie über die Rolle der Wissenschaftler und besonders der Physiker in der Hitlerzeit stammt von A.D. Beyerchen (1977 [3]). Das Kapitel über „Arische Physik" sowie die Perversionen von Philipp Lenard und Johannes Stark sind besonders interessant.

Die Verfolgung von eminenten deutschen jüdischen Wissenschaftlern durch Hitler hat David Nachmansohn beschrieben (1979 [4]), doch sind diese Vorkommnisse so gut bekannt, daß sie hier nicht näher erörtert werden sollen. Aber nicht alle angesehenen deutschen Wissenschaftler hüllten sich in Stillschweigen; Otto Warburg gehörte zu diesen Ausnahmen. Max Planck, in seiner Eigenschaft als Präsident der Kaiser-Wilhelm-Gesellschaft, hatte 1933 eine Unterredung mit Hitler, bei der er sich für Fritz Haber einsetzte. Hitler erlitt einen Wutanfall und brach als einzige Antwort in eine Schmährede gegen die Juden aus. Aber vergessen hat Hitler Plancks Intervention nicht. Als dessen Sohn Erwin angeblich in den Putsch am 20. Juli 1944 verwickelt war [5], nahmen Hitlers Schergen Rache: Der Sohn wurde am 23. Januar 1945 in Berlin-Plötzensee gehängt.

Auch wenn die obersten Nationalsozialisten die Wissenschaft völlig ignorierten, gab es während des Krieges natürlich eine aktive Kooperation auf niedrigerer Ebene zwischen Vertretern der reinen und angewandten Wissenschaft einerseits und deutschen militärischen Organisationen andererseits. Diese Zusammenarbeit war nach Günter Wendel [6] aber viel geringer als im Ersten Weltkrieg, insbesondere was die Kaiser-Wilhelm-Gesellschaft (KWG) betrifft. Wendels Ansichten werden jedoch von den meisten Wissenschaftlern abgelehnt, weil er die ganze Aktivität zwischen 1914 und 1918 lediglich als Unterstützung für eine imperialistische und kapitalistische Gesellschaft, die in einen Eroberungskrieg engagiert war, betrachtet.

Bis heute gibt es offenbar noch keine deutsche Studie über die Zusammenarbeit zwischen Wissenschaftlern und Streitkräften während des Zweiten Weltkrieges. Gelegentlich hat man aber darauf hingewiesen, daß ein Großteil der Grundlagenforschung ungestört an den Universitäten und Technischen Hochschulen weitergeführt werden konnte, wenn es einem Wissenschaftler gelang, sich als „unabkömmlich (u.k.)“ einstufen zu lassen. So hat zum Beispiel E. Pietsch festgestellt, daß während des Zweiten Weltkrieges 260000 Literaturzitate den Archiven für anorganische Chemie des Gmelin-Instituts hinzugefügt werden konnten, zuerst in Berlin und dann nach seiner Zerstörung beziehungsweise seiner Verlagerung in Clausthal-Zellerfeld. Ferner gibt es einige deutsche Übersichtsberichte [7] über den wissenschaftlichen und technischen Aufwand während des Zweiten Weltkrieges, und ein umfangreiches Material über die wissenschaftlichen Beiträge der Alliierten zum Zweiten Weltkrieg steht uns heute zur Verfügung. Diese Dokumentationen enthalten viele Angaben über die deutsche wissenschaftliche Kriegsarbeit. Abgesehen von R. V. Jones' Beitrag [8] über den britischen Wissenschaftlichen Geheimdienst, gibt es beispielsweise die Arbeit von Price [9] über den Kampf um die Radarüberlegenheit, Irvings Bücher über V-Waffen und die deutsche Atomforschung während des Krieges [10], das Buch von Pawle [11] über den wissenschaftlichen Beitrag zum britischen Seekrieg, und besonders das klassische Werk von Crowther und Whiddington [12] „Science at War“. Über die Naturwissenschaften in Krieg und Frieden gibt es auch historisches Material in englischer Sprache, geschrieben von dem berühmten J. B. S. Haldane [13], und eine einfache Analyse der wissenschaftlichen und technischen Belange des Ersten Weltkrieges von Corbin [14] wurde 1918 publiziert.

Zurück zum Deutschland von 1945. Die Zahl der Studenten hatte schon vor dem Krieg drastisch abgenommen. Während es im Wintersemester 1928/29 etwa 4300 Chemiestudenten an deutschen Universitäten gab, war ihre Zahl 1938/39 auf 2900 gesunken. Dazu kam die verheerende Ausstoßung jüdischer und antinationalsozialistischer Wissenschaftler, ferner die großen, aber völlig undokumentierten Verluste durch die Kriegsopfer und die Kriegsgefangenen, die oft erst nach vielen Jahren aus dem Osten zurückkehrten, die Zerstörung von Universitätsgebäuden, Instituten und Bibliotheken, vorsichtig geschätzt auf etwa 60% im Mittel für ganz Deutschland und bis zu 80% in Berlin; und zu allem kam die völlige Isolierung der

Abb. 3. Dieses Zitat von Wilhelm Raabe (1831–1910) findet sich auf der Rückseite des Notgeldes, das von der Stadt Eschershausen (Geburtsort von Raabe) am 1. Juni 1921 herausgegeben wurde; die Banknote (Wert 2 Mark) war bis zum 1. Juli 1922 gültig. Das Zitat bezieht sich auf die harten Bedingungen des Versailler Vertrages nach dem Ersten Weltkrieg, mag aber auch auf die alliierte Besatzung nach dem Zweiten Weltkrieg Anwendung finden (Größe des Originals 94 × 65 mm).

deutschen Wissenschaftler von der internationalen Forschungsszene. All diese Faktoren haben die Wissenschaft in Deutschland am Ende des Zweiten Weltkrieges zum völligen Stillstand gebracht. Daß die Besatzungsmächte nach Artikel 55 der Alliierten Kontrollkommission Forschungsarbeiten auf dem Gebiet der Kernphysik, Luftfahrt und Schiffbau verboten, war verständlich. Die Teilung Deutschlands in Ost und West half nicht weiter. Doch zu dieser Zeit der tiefsten Depression, im Nadir der deutschen Wissenschaft, war die Saat für die Wiedergeburt bereits ausgesät.

Faktoren für die Wiedergeburt

„Arme Leute müssen viel härter arbeiten als die Reichen", war das Urteil eines deutschen Wissenschaftlers, der mit diesen Worten die Situation der ersten Jahre nach dem Ende des Zweiten Weltkrieges zusammenfaßte. Er wies auch auf den erheblichen Unterschied zwischen dem Wiederaufbau nach dem Ersten und dem Zweiten Weltkrieg hin. Während nach 1918

Haß das Verhältnis zwischen den Siegern und Besiegten bestimmte, war dies kaum der Fall nach 1945 („Adenauer und de Gaulle haben das verhindert“). Aber harte Arbeit und Fehlen von Haß waren nicht genug. Ein starker Wille und unerschütterliche Entschlossenheit waren vonnöten, um auf dem wenigen, was übriggeblieben war, wieder aufzubauen. Ohne Intelligenz und ohne Anpassungsfähigkeit hätte man nichts erreicht; finanzielle Hilfe kam erst viel später, durch die Währungsreform im Jahr 1948 und den zur gleichen Zeit anlaufenden Marshallplan.

Die Kapitulation der Reste der geschlagenen Armee in Stalingrad am 31. Januar und 2. Februar 1943 ließ viele Deutsche an einen verlorenen Krieg glauben. Vorsichtige Leute planten zunächst ihre Evakuierung aus den zerbombten Städten und setzten sie später in die Tat um, besonders aus Berlin, dem täglichen Angriffsziel der Bombenflugzeuge der Alliierten. Die berühmten Forschungsinstitute der Kaiser-Wilhelm-Gesellschaft in Berlin-Dahlem und ihre Hauptverwaltung im kaiserlichen Schloß im Zentrum von Berlin waren ausgebombt und wie so vieles andere in den Westen und Südwesten Deutschlands verlegt (natürlich nie in die entgegengesetzte Richtung, nach Osten). Alle zeitgenössischen Dokumentationen, wie auch der Bericht [15], den die Direktoren der Kaiser-Wilhelm-Institute verfaßt und Otto Hahn 1949 zu seinem 70. Geburtstag überreicht haben, sprechen eine Sprache von Not und Mangel, an denen alle Betroffenen gleichermaßen litten, da Deutschland militärisch geschlagen, völlig zusammengebrochen und von den siegreichen Armeen besetzt war. Niemand spricht aber über absichtliche Grausamkeit, Geiselerschießungen oder gar von Vernichtungen, wie sie die SS bei der Besetzung von Ländern nur wenige Jahre zuvor praktiziert hatte. Es gab keinen Haß, obwohl Unzulänglichkeiten, Mißverständnisse und Dummheit während der Besatzung durch britische, französische und amerikanische Truppen vermeidbares Leid brachten.

Aber weder waren alle tot, noch lag jedes Gebäude in Deutschland in Trümmern. Schon vor Ende des Krieges hat man versucht, „die Gehirne vor dem Krieg zu retten, sie von der Front zurückzurufen, um später für den Wiederaufbau bereitzustehen“ (die sogenannte Osenberg-Aktion), wie es einer der Wissenschaftler ausdrückte. Kleinere Provinzstädte, zum Beispiel die Universitätsstädte Tübingen und Heidelberg (das absichtlich nicht bombardiert wurde, weil es zum Sitz des US-Hauptquartiers bestimmt war), sind dem physischen Ruin entgangen, obwohl auch sie all die Entbehrungen einer besiegten Nation erleiden mußten. Einige Wissenschaftler, die sich an diese ersten Monate und Jahre nach dem Kriege in ihren Forschungslaboratorien erinnern, sprechen davon als von den Stätten der größten Originalität und Produktivität, ihrer schönsten und schöpferischsten Periode. Damals, als es keine Laborausrüstung zu kaufen gab und alles aus Restbeständen improvisiert werden mußte, wurde so mancher originelle Gedanke geboren. Ein überwältigendes Gefühl der Freiheit hat sie nach den Jahren der Unterdrückung durch die Nationalsozialisten ergriffen, und die Universitätslehrer wie auch die Studenten begannen unglaublich hart zu arbeiten, als im Oktober 1945 bereits die ersten Vorlesungen gehalten wurden. „Du lebst - nutze dein Leben“, war der alles durchdringende Gedanke.

Zugegeben, die Zustände waren außerordentlich hart. Die Vorlesungen mußten teilweise in ungeheizten und dunklen Gängen gehalten werden, so groß war der Andrang, und Papier mußte man sich durch Tausch auf dem Schwarzen Markt beschaffen. Selbst auf diese Weise ließen sich nur gedruckte Formulare erhandeln, von denen dann die leere Rückseite beschrieben wurde. Als Max von Laue vor der Amerikanischen Physikalischen Gesellschaft 1949 eine Rede hielt (zitiert von Otto Hahn [16]), beschrieb er das Leben der Studenten in Göttingen, und meinte, daß es einfach rätselhaft für ihn sei, wie sie mit ihren mageren Rationen, ihren sehr schlecht bezahlten Gelegenheitsarbeiten und den durch die Währungsreform entwerteten Ersparnissen überleben konnten; wie die Universität mit Sondermahlzeiten zu helfen versuchte, wie willkommen die „Care“-Pakete aus dem Ausland waren und wie die Raumnot von Professoren und Studenten gleichermaßen geteilt wurde. „Das Privileg des Professors, ein eigenes Arbeitszimmer zu haben, wird in keiner Weise allgemein anerkannt“. Die Jahre 1945 bis 1960 waren eine Zeit der Schöpfung von menschlichem und wissenschaftlichem Kapital.

Deutsche Forschungsgemeinschaft

Die Wissenschaft hat in Deutschland immer großes Ansehen genossen. Als man nach dem Ersten Weltkrieg überdeutlich erkannte, wie sehr die Wissenschaft im Argen lag, dauerte es nicht lange, bis entschlossene und erfolgreiche Schritte unternommen wurden, um die notwendige Hilfe zu finden. So gelang es Professor Fritz Haber und Dr. Friedrich Schmidt-Ott, dem früheren preußischen Kultusminister, mit Hilfe der Berliner Univer-

Abb. 4. Fritz Haber (1868–1934). Gemälde von W. Trübner aus dem Jahre 1911. [Mit freundlicher Genehmigung der MPG München.]

sität und Akademie einen Plan für die Gründung (1920) einer „Notgemeinschaft der Deutschen Wissenschaft" zu entwickeln. Zunächst wurden 20 Millionen Mark beschafft, zur Unterstützung der Wissenschaft „als Versicherungsprämie für die zukünftige Existenz unserer Industrie und unseres Handels", wie es Haber damals ausdrückte. Die Mitglieder der Gemeinschaft waren die Akademien, die Universitäten, die Kaiser-Wilhelm-

Abb. 5. Friedrich Schmidt-Ott (1860–1956). [Photo MPG.]

Gesellschaft und die Gesellschaft Deutscher Naturforscher und Ärzte. Es war eine äußerst erfolgreiche Vereinigung, die jährlich mit Summen von mehreren Millionen Mark für wissenschaftliche und archäologische Forschungen und Publikationen, auch auf geisteswissenschaftlichem Gebiet, beisteuern konnte. Die Situation nach dem Zweiten Weltkrieg war natürlich kaum vergleichbar mit derjenigen nach dem Ersten Weltkrieg. Städte und Industriegebiete lagen in Trümmern, das Land war in vier Besatzungszonen aufgeteilt, und Berlin war nicht mehr die Hauptstadt. So war die Not größer denn je zuvor. Und wiederum wurde beschlossen, der Wissenschaft zu helfen, durch eine Notgemeinschaft, mit demselben Namen wie die ursprüngliche; die formelle Neugründung fand 1949 in Köln statt. Die Finanzen kamen zuerst von den Ländern, dann auch von dem Europäischen Wiederaufbau-Programm, dem Marshallplan, und 1950 waren bereits über 50 Millionen DM zur Verteilung verfügbar. Jedoch diesmal stieß die Gemeinschaft auf Widerstand vom Deutschen Forschungsrat, der in Göttingen in der Britischen Zone entstanden war, mit Professor Werner Heisenberg als Präsident.

Während die Notgemeinschaft eine Körperschaft aus Universitäten und den Kultusministerien der Länder war, hatte der Forschungsrat engere Beziehungen zur Bundesregierung und bestand aus einzelnen Wissenschaftlern. Hier gab es nun die ersten Anzeichen des Antagonismus der Macht von Bund und Ländern, der in diesem Falle in der unterschiedlichen Einstellung zur Wissenschaftspolitik zum Ausdruck kam. Heisenberg erhielt eine gewisse Unterstützung von Adenauer für seine Vorstellungen von engen Verbindungen zwischen Politik und Forschungsplanung sowie über die Notwendigkeit von Elite-Zentren, Ideen, denen die Notgemeinschaft stark entgegentrat, besonders im Hinblick auf historische Parallelen zur NS-Ideologie. Glücklicherweise gelang es schließlich im Jahr 1951, die beiden Organisationen zu vereinen, nach langwierigen Verhandlungen, in die Adenauer oft eingriff. Die Ernennung eines Senats führte zu der endgültigen Vereinigung, und die neue Organisation nannte sich von nun an Deutsche Forschungsgemeinschaft (DFG). Seit 1951 ist sie die zentrale Organisation der Bundesrepublik Deutschland für die Unterstützung der Forschung an den Universitäten.

Die Geschichte der Notgemeinschaft der Deutschen Wissenschaft, des Deutschen Forschungsrates und der Deutschen Forschungsgemeinschaft hat Zierold [17] ausführlich beschrieben (in gekürzter Form Nipperdey und Schmugge [18] sowie [19] und H. Schöne [74]).

Die Ziele der Deutschen Forschungsgemeinschaft sind die Förderung der wissenschaftlichen Zusammenarbeit, Beratung der Behörden in wissenschaftlichen Angelegenheiten, Wahrnehmung deutscher wissenschaftlicher Interessen im Ausland und die finanzielle Unterstützung bestimmter Forschungsprojekte. Die DFG ist eine sich selbst verwaltende und unabhängige Körperschaft (zivilrechtlich ein eingetragener Verein). Die finanziellen Mittel kommen von der Bundesregierung, den Ländern und dem Stifterverband. Die DFG unterhält keine eigenen Forschungsinstitute, sondern unterstützt lediglich einzelne, individuelle Projekte, nach eingehender Begutachtung durch die Fachberater. Eine wichtige Aufgabe vollbrachte die DFG mit ihrer Hilfe für die deutschen Forschungsbibliotheken, Lücken der ausländischen wissenschaftlichen Literatur, die während des Krieges und in den Nachkriegsjahren entstanden waren, aufzufüllen.

Das Jahresbudget der DFG wächst heute nicht mehr um 20%, wie es noch vor wenigen Jahren der Fall war. Jedoch das Prestige der DFG im Bundesparlament wie auch in den Parlamenten der Länder ist so hoch, daß ihr Jahresbudget, das 1980 815 Millionen DM betrug, 1982 um 6% auf 864 Millionen gesteigert wurde; eine äußerst seltene, wenn nicht gar einzigartige Situation angesichts der heutigen wirtschaftlichen Rezession in der westlichen Welt. Könnte dies auf der besonderen Betonung der interdisziplinären „Sonderforschungsbereiche" beruhen, für die im Jahr 1980 270 Millionen DM (33% des Budgets) ausgegeben wurden? Die Anzahl dieser Sonderforschungsbereiche ist von 18 im Jahr 1969 auf 120 im Jahr 1980 angestiegen. Eine achtseitige Tabellen-Übersicht dieser Projekte dokumentiert den Umfang der von der DFG geförderten und unterstützten Forschungsprojekte: Kriminologie an der Universität Tübingen, Forschungen über die Stadtgeschichte in Münster, Linguistik in Konstanz, Biologische Membranen in Aachen, Forschung über die Verwendung von Versuchstieren in Hannover, Tumorforschung in Essen, Theoretische Mathematik in Bonn, Ferroelektrizität in Saarbrücken, Makromoleküle in Mainz, Ozeanographie in Kiel, Magnetische Hydrodynamik in Berlin und die Architektur von Universitätsgebäuden in Stuttgart, dies sind einige Beispiele für die Sonderforschungsbereiche an deutschen Universitäten. Seit ihrer Einrichtung im Jahr 1968 wurde bis 1980 insgesamt eine Summe von 2118 Millionen DM für diese Sonderforschungsbereiche aufgewendet.

Sicher sind diese kooperativen, interdisziplinären Forschungsbereiche von größter Bedeutung. Eugen Seibold, der Präsident der DFG, machte dies in seinem Vorwort zum Jahresbericht der Gesellschaft 1980 deutlich. Er wies darauf hin, daß es zu den satzungsgemäßen Aufgaben der DFG gehört, der Wissenschaft in all ihren Zweigen zu dienen durch die finanzielle Unterstützung von Forschungsaufgaben und durch die Förderung der Zusammenarbeit unter den Forschern. Gerade weil die DFG den seltenen Vorteil hat, sämtliche Zweige der Wissenschaft zu unterstützen, wie die genannten Beispiele zeigen, ist sie auch zu einem lebenswichtigen Zentrum für den Austausch zwischen den Forschern geworden. Aber darüber, welches Projekt von der DFG gefördert werden soll, entscheidet letztendlich dessen Qualität und Vorzüglichkeit.

Die Rolle der Besatzungsmächte

Vergangen sind die Tage, wo „die Wissenschaften niemals im Kriege lagen", wie Sir Gavin de Beer [20] ausführte, als zum Beispiel auf dem Höhepunkt des Siebenjährigen Krieges 1760 der Duc de Choiseul an Voltaire geschrieben hat, daß er John Craufurd sehr gerne einen Paß ausstellen würde, damit er auf der Rückkehr von Genf über Frankreich nach England reisen könne.

Napoleon gewährte Sir Humphry Davy im Jahr 1813 sogar alle Mittel, um die erloschenen Vulkane der Auvergne zu besuchen. In Paris nahm

Abb. 6. Wolfgang Gentner (1906–1980). [Photo MPG.]

Abb. 7. Colonel Bertie K. Blount. [Photo MPG, Archiv, Berlin.]

Davy an Tagungen des Institut de France teil und machte in seinem Hotel Experimente mit einem tragbaren chemischen Kasten. Benjamin Franklin sicherte Kapitän Cook vor Belästigungen durch die gerade ins Leben gerufene amerikanische Marine, und Edward Jenner sandte die neuesten Ergebnisse seiner Impf-Experimente unbehindert an das französische Institut National im Jahr 1801.

Nichts dergleichen wäre im 20. Jahrhundert möglich; aber erfreulicherweise gibt es zwei bekannte Fälle, in denen ein Deutscher und ein Engländer im Zweiten Weltkrieg und in der Nachkriegszeit sich wie wissenschaftliche Gentlemen vergangener Zeiten benahmen: der deutsche Physiker Wolfgang Gentner und Colonel Bertie K. Blount. Gentner hat noch wenige Tage vor seinem Tode im September 1980 seine Erinnerungen an das besetzte Paris schriftlich niedergelegt [21]. Die deutschen Besatzungstruppen hatten Gentner mit der Betreuung des Zyklotrons am Collège de France in Paris beauftragt, das Frédéric Joliot (spätere eigene Schreibweise: Joliot-Curie) konstruiert und auch benutzt hat. Damals gab es in Deutschland nichts dergleichen. Gentner hatte bereits vor dem Krieg mit Joliot in Paris gearbeitet und war gut mit ihm befreundet. Das erste, was

Gentner erreichen konnte, war die Freilassung von Paul Langevin aus dem Gefängnis, nach langwierigen Verhandlungen zwischen Vertretern der deutschen Wehrmacht in Paris und Berlin. Langevin wurde aus Paris verbannt und konnte später in die neutrale Schweiz fliehen.

Das zweite Ereignis war die Festnahme von Joliot durch die SS (Abk. für „Schutzstaffel"). Da Gentners Arbeit am Zyklotron als höchst kriegswichtige und geheime Kommandosache eingestuft war, konnte er den SS-Offizier in einem Telephongespräch so stark beeindrucken, daß Joliot nach weniger als 24 Stunden freigelassen wurde. Die SS wollte von Joliot unbedingt die Namen derer erhalten, die französische, linksgerichtete Studenten zum Widerstand gegen die deutsche Besatzung angestachelt hatten. Ohne Gentners energische Intervention wären Langevin und Joliot wahrscheinlich in ein Konzentrationslager gekommen. Daß ein deutscher Wissenschaftler zwei hervorragende französische Kollegen mitten im Krieg vor einem Schicksal, das schlimmer als der Tod war, bewahren konnte, verdient unser aller Bewunderung.

Abb. 8. Dr. Bertie K. Blount, mit Professor Reimar Lüst, Präsident der Max-Planck-Gesellschaft, und Dr. Heinrich Pfeiffer (rechts), Generalsekretär der Alexander von Humboldt Stiftung (AvH), während der 25-Jahrfeier der Wiedererrichtung der AvH im Dezember 1978 in Bonn.

Abb. 9. Ernst Telschow bei der 31. Hauptversammlung der MPG im Juni 1980 in Hannover [Photo MPG.]

Colonel Blounts [22] Leistung lag zwar auf anderem Gebiet, war aber von ebenso großer Bedeutung. Seine Aktionen führten im Jahr 1946 zu der Wiedergeburt der Kaiser-Wilhelm-Gesellschaft als Max-Planck-Gesellschaft. Während des Zweiten Weltkrieges war Blount Geheimdienstoffizier in der britischen Armee, 1946 wurde er in Deutschland Leiter der Abteilung für Forschungsangelegenheiten (Britische Zone) der Kontrollkommission und später Leiter der Forschungsabteilung der britischen Militärbehörde. Nach dem Chemie-Studium in Oxford und (als Humboldt-Stipendiat bei Walter Borsche) an der Universität Frankfurt, wurde er dort 1931 zum Dr. phil. nat. promoviert. Während seiner Stationierung in Göttingen (in der Britischen Zone) stand Blounts Politik gegenüber der deutschen Wissenschaft unter der Devise des alten Sprichworts: „Der Teufel findet Arbeit für untätige Hände". Sämtliche Forschung mit möglichen Anwendungen für Kriegszwecke war verboten, jedoch wurde zu jeglichen anderen Forschungen ermuntert.

Als ein gewisser Dr. Ernst Telschow zu ihm kam [23] und sich als Generalsekretär der KWG vorstellte, versprach ihm Blount außerordentlich zuvorkommend jegliche Unterstützung. Er half Telschow enorm mit der Vermittlung von Passierscheinen, um in der Britischen, Französischen und Amerikanischen Zone die verstreuten Institute der KWG besuchen zu können. Mittels seiner Autorität schützte Blount die Institute und ihre Einrichtungen, er fand das Geld und das damals sehr rare Baumaterial zur

Sicherstellung der Fortsetzung wissenschaftlicher Arbeiten, er vermittelte die Verlegung des Gmelin-Instituts von Berlin in die Britische Zone, und er überredete Otto Hahn und Werner Heisenberg, nach Göttingen zu kommen und sich dort niederzulassen.

Nachdem der Alliierte Kontrollrat in Berlin beschlossen hatte, die Kaiser-Wilhelm-Gesellschaft aufzulösen, gelang es Blount, dieses Problem diplomatisch zu lösen, das heißt nach einem Vorschlag von Sir Henry Dale (Berater der britischen Regierung in wissenschaftlichen Angelegenheiten) sie in „Max-Planck-Gesellschaft" umzubenennen; so konnte durch den gewandten Umgang Blounts mit den britischen Behörden und Telschows mit den deutschen Wissenschaftlern tatsächlich die Max-Planck-Gesellschaft (MPG) am 11. September 1946 in Bad Driburg in der Britischen Zone gegründet werden. Die Anerkennung der MPG in der Amerikanischen und Französischen Zone folgte 1948 und 1949. Rechtlich wurde die Kaiser-Wilhelm-Gesellschaft aber erst 1960 aufgelöst [15].

Blount war natürlich nicht der einzige unter den wissenschaftlichen Beratern der Alliierten, der sich für die Wiedererstehung der deutschen Wissenschaft einsetzte. In der Amerikanischen Zone waren es Dr. Scatchard und Dr. C. Nordström und in der Französischen Zone Adolphe Lutz, die nicht nur die Voreingenommenheit ihrer eigenen Landsleute überwinden mußten, sondern auch aktiv die Anstrengungen der Deutschen um einen Wiedereintritt in die Weltgemeinschaft der Wissenschaft unterstützten.

Zu dieser offiziellen Hilfe und Ermutigung kam der eigene persönliche Beitrag vieler einzelner ausländischer Wissenschaftler. Sie kannten ihre deutschen Kollegen und deren akademische und politische Vergangenheit aus der Vorkriegszeit, und diese Kenntnis erleichterte ihre Fürsprache bei den Besatzungsmächten für ihre deutschen Kollegen. Ein Name muß hier, stellvertretend für viele andere, genügen: Dr. James N. Carruthers, einst stellvertretender Direktor des britischen National Institute of Oceanography; seine mutige Hilfe und sein Beistand bei der Wiedergeburt der deutschen Ozeanographie ist unvergessen.

Die Flüchtlinge

„Deutschland hat eine gesellschaftliche Umwälzung erlebt, von der die angelsächsischen Länder nicht berührt wurden. Die Mittelklasse, die früher den Großteil der Studenten lieferte, ist verschwunden. Die Westzone ist von Flüchtlingen überschwemmt", schrieb Otto Hahn 1949 [16]. Obwohl 30 Jahre später wieder eine Mittelklasse erstanden ist und eine neue Generation existiert, haften die Spuren der Ereignisse des Zweiten Weltkrieges unauslöschbar in ganz Deutschland.

Betrachten wir zunächst den Strom der Millionen von Flüchtlingen aus Ostdeutschland. Er überflutete die historischen religiösen Grenzen, mit vorwiegend Protestanten im Osten und Norden und Katholiken im Westen und Süden. Daß sich als Folge dieser Flut aus dem Osten die unterschiedlichen religiösen und philosophischen Einstellungen zur Arbeitsethik und zur Wissenschaft vermischten, war im ganzen zu begrüßen. Das gemeinsame und schwere Schicksal in den Jahren unmittelbar nach dem Krieg hat zu einem besseren Verständnis der tief verwurzelten Unterschiede in Religion und Erziehung geführt; in der heutigen Generation der neuen Mittelklasse gibt es kaum einen Unterschied in der Einstellung eines Protestanten und eines Katholiken gegenüber der Wissenschaft – dafür oder dagegen!

Betrachten wir nun eine andere Gruppe von Flüchtlingen: die jungen deutschen Wissenschaftler, die so bald wie möglich nach Kriegsende das

Abb. 10. Prof. Richard Kuhn überreicht Otto Warburg die Urkunde für die Ehrendoktorwürde der Medizinischen Fakultät der Universität Heidelberg zum 75. Geburtstag (1958). Aus [68].

Land verließen, um bessere Forschungsmöglichkeiten in den Vereinigten Staaten zu suchen. Sogar schon vor Ende des Krieges waren von den Alliierten wissenschaftliche Auskunftsorganisationen gegründet worden (ALSOS, CIOS, FIAT), um Informationen zu erhalten über die in Deutschland gemachten wissenschaftlichen Arbeiten, die vor und während des Krieges nicht in die wissenschaftliche Literatur Eingang gefunden hatten; ihre Berichte stehen heute noch zur Verfügung. Dies war eine neue Art von Reparationen, die tief in das industrielle Know-how eindrang. Gelegentlich führte das zu sonderbaren Situationen: Zum Beispiel wurde Richard Kuhn, der Direktor der Abteilung für Chemie am Kaiser-Wilhelm-Institut für medizinische Forschung in Heidelberg, von amerikanischen Offizieren in den ersten sechs Monaten nach der Besetzung Heidelbergs 77mal verhört. Als einer dieser Offiziere seine Meinung wissen wollte, warum die Amerikaner und nicht die Deutschen den Krieg gewonnen haben, antwortete Kuhn: „Wegen der 5 Gs, Geist, Geduld, Genauigkeit, Geld und Glück". Drückte Kuhn damit aus, was viele junge deutsche Wissenschaftler damals dachten? War Amerika damals nicht das „Schlaraffenland" der Wissenschaft?

Hatten nicht amerikanische Wissenschaftler und Ingenieure das Wunder der Atombombe zustande gebracht, ein Meisterstück, das selbst die besten deutschen Physiker zum gegenwärtigen Zeitpunkt für unmöglich gehalten hatten? Kein Wunder also, daß viele junge Wissenschaftler, darunter die allerbesten, ins Land der Verheißung zogen und oft erst dann, wie einige von ihnen sagten, zurückkehrten, als ihre Kinder einer Ausbildung bedurften, die amerikanische Schulen nicht zu bieten hatten. Aber ihre geistigen Verbindungen mit amerikanischen Universitäten und anderen höheren Lehranstalten wurden nie abgebrochen und führten zu einem regen Austausch in beiden Richtungen, wie zum Beispiel durch die Alexander von Humboldt Stiftung (s. später). Dieser Austausch hat heute solch eine Bedeutung erlangt, daß man in bestimmten Fachgebieten, wie zum Beispiel Physik und Biologie, in Deutschland keine höhere Stellung erreichen kann, wenn nicht die Buchstaben „i. A. g." (in Amerika gewesen) den Qualifikationen des Bewerbers zugefügt werden können.

In diesem Zusammenhang ist eine weitere Gruppe von „unfreiwilligen Flüchtlingen" zu erwähnen, nämlich die deutschen Raketeningenieure, die unmittelbar nach dem Zweiten Weltkrieg von den amerikanischen und russischen Streitkräften gefangengenommen wurden. Keiner davon ist zurückgekehrt, denn man konnte ihnen in Deutschland keine Arbeitsmöglichkeiten anbieten, die ihren ständig steigenden Ansprüchen genügt hätten. Daß diese Pioniere der V 2-Rakete von Peenemünde, insbesondere Wernher von Braun, Ernst Stuhlinger und Kurt Debus, wesentlich zum Erfolg der Apollo-Missionen zum Mond beigetragen haben, ist eine allgemein bekannte Tatsache. Durch ihren Erfolg trugen sie indirekt zum Prestige der deutschen Technologie bei.

Und schließlich kommen wir zu der am besten bekannten Flüchtlingsgruppe: die Juden. Der Biochemiker David Nachmansohn [4], der Deutschland 1933 verließ und in New York lebt, hat bisher am ausführlichsten über die jüdischen Wissenschaftler in Deutschland berichtet; jedoch über ihre Rückkehr nach Deutschland nach dem Krieg finden wir in seinem Buch nur spärliche Hinweise. Bei den deutschen Juden sind drei Kategorien zu unterscheiden: jene, die niemals zurückkehrten (wie Albert Einstein), jene, die durch gelegentliche Besuche große Hilfe leisteten (zum Beispiel Hans Krebs), und jene, die für immer nach Deutschland zurückkehrten, wie zum Beispiel Max Born und Friedrich G. Friedmann. Der in Breslau geborene, später weltberühmte Physiker Max Born, emigrierte 1933 von Göttingen nach Großbritannien; 1954 ist er nach Deutschland (Bad Pyrmont) zurückgekehrt und kurz danach mit dem Nobelpreis für Physik ausgezeichnet worden. Bis zu seinem Lebensende (1970) war er wissenschaftlich und publizistisch tätig und auch aktiv an den Anti-Atomwaffen-Erklärungen von 1955 und 1957 beteiligt (siehe Seite 81). F. G. Friedmann, ein gebürtiger Augsburger, verließ Deutschland 1933, ging zuerst nach Italien, dann in die Vereinigten Staaten und kam 1960 nach Deutschland (an die Universität München) zurück. Eine volle Bewertung des Einflusses dieser zurückkehrenden Flüchtlinge findet man im Band 2 des „Biographical Handbook of Emigration after 1933“ (1982), eine Gemeinschaftsarbeit des Instituts für Zeitgeschichte in München und der Research Foundation for Jewish Immigration in New York; diese umfangreiche Erhebung wurde von W. Röder [25] geleitet und finanziell von der Deutschen Forschungsgemeinschaft unterstützt.

Friedmann, Philosoph und Ethnograph, gab eine ausführliche Begründung für seine Rückkehr in dem 1966 erschienenen Buch „Die deutsche Universität im Dritten Reich“ [26]. Seiner Überzeugung nach sollte jeder in einer Umgebung arbeiten, in der er sich persönlich am stärksten engagiert fühlt. Für ihn war diese Umgebung Deutschland, wo die Probleme unserer Zeit offensichtlich von höchster Relevanz waren und in enger Verbindung mit der Verantwortung standen, die jeder Mensch für jeden seiner Mitmenschen trägt. Nicht jeder zurückkehrende jüdische Flüchtling erklärte seine Gründe so philosophisch, wie Friedmann es tat. Für manche mag es der Idealismus gewesen sein, beim Wiederaufbau der deutschen Wissenschaft zu helfen, oder auch das Gefühl, einer neuen Generation von Deutschen zu vergeben, oder auch ganz einfach materialistische Gründe oder aufgrund von Erinnerungen an eine glorreiche Jugendzeit. Daß die Kinder von Flüchtlingen, die niemals zurückkehrten, den Kontakt zu Deutschland und der Sprache ihrer Eltern in manchen Fällen völlig verloren haben, ist eine überdeutliche, negative Folge des Dritten Reiches.

Die Universitäten - Keimzellen der Wiedergeburt

Fraglos waren die drei wichtigsten Keimzellen der Wiedergeburt der Wissenschaft in Deutschland die Universitäten, die KWG/MPG sowie die Forschungs- und Entwicklungserfahrungen und Bemühungen der deutschen Industrie. Die ersten Nachkriegsjahre waren für die Wissenschaftler an den Universitäten eine Zeit des allgemeinen Wohlwollens. Die Universitäten waren frei von jedem äußeren Einfluß durch den Staat, der damals noch von den Besatzungsmächten repräsentiert wurde, die Lehrkräfte waren völlig unabhängig und äußerst mächtig. Anfangs gab es keine wissenschaftliche Literatur, und sowohl die Studenten als auch Professoren waren zum Selbstdenken gezwungen. Diese intellektuelle Triebkraft setzte sich zunächst im alten Stil der autokratischen „Geheimratsuniversität" fort, bis sie so gewaltsam durch die Studentenrevolte Ende der 60er Jahre gebrochen wurde. Doch diejenigen, die unter äußersten Schwierigkeiten in diesen heroischen Jahren studiert haben, sind heute die führende Elite der deutschen Wissenschaft.

In den harten Jahren von 1945 bis 1960 häufte sich an den Universitäten menschliches und wissenschaftliches Kapital an. Aber es war gleichzeitig auch, wie bereits erwähnt, die Periode des „brain drain", der „Gehirn-Abwanderung" in die Vereinigten Staaten. Seit 1960 wurden in Deutschland drei neue Hochschulgesetze verabschiedet. Man kann jedoch kaum behaupten, daß sie ihre Ziele erreicht haben, denn man hört heute fast nur Klagen, trotz der massiven finanziellen Unterstützung, der großzügig angelegten modernen Gebäude und der großen Expansion, die dadurch möglich geworden ist. Wir können uns hier nur kurz mit den Argumenten befassen, die in Deutschland für die Hochschulreform ins Feld geführt wurden, wie auch nur andeutungsweise mit den eindringlichen Warnungen vor den schwerwiegenden Folgen, die für einige ganz von Anfang an nur zu offensichtlich waren.

Friedmann begann seine Kritik an den deutschen Universitäten 1966 mit der Frage, warum sie nicht gegen die Hitler-Diktatur stärkeren Widerstand geleistet hatten, gegen eine Diktatur, die doch den besten Traditionen und Prinzipien des Universitätslebens so fremd war [26]. Seine Antwort war ganz einfach die, daß die Universitäten weder in den 30er noch in den 60er Jahren fähig oder gewillt waren, die Anforderungen einer zeitgenössischen Gesellschaft zu erfüllen. Abstraktes Gelehrtentum, Gleichgültigkeit gegenüber Fragen der Menschenrechte, eine falsche Bewunderung für „Kultur", Mangel an Selbstkritik unter den oft klassenbewußten Professoren, die vereint waren in ihrer privilegierten Hierarchie und insbesondere im Konzept der Elite, all dies wurde von Friedmann als Gründe genannt für den Niedergang der deutschen Universitäten und für ein dringendes Reformbedürfnis.

Man wird es stets zu bedauern haben, daß die Entwicklung moderner Hochschulsysteme in Deutschland eine politisch inspirierte Revolution wurde und zu grotesk übertriebenen offiziellen Reformen führte. Die aktivsten Führer der Studentenrevolte waren eingeschworene Linke, einige davon antiwissenschaftlich im gleichen Sinne und mit fast denselben Phrasen wie ihre nazistischen Vorgänger. Die Wissenschaft in Deutschland wurde weit schwerer getroffen und verletzt als dies allgemein bekannt ist. Natürlich haben nicht alle Universitäten im gleichen Maße gelitten; das Ausmaß hing ab von ihrer Fähigkeit, politischer Einflußnahme zu widerstehen und von den Hochschulgesetzen der späten 60er Jahre zu gesunden. An einem Ende des Spektrums stehen die Universitäten Heidelberg und Freiburg, und am anderen die Reformuniversitäten Bremen und Kassel, die mit den größten Schwierigkeiten zu kämpfen haben, einen wissenschaftlichen Status zu erlangen, trotz massiver finanzieller Unterstützung.

Die Folgen der Revolte und der offiziellen Reform hat der damalige Prorektor der Heidelberger Universität, Heinz Staab, ein führender organischer Chemiker, im Jahr 1960 klar vorausgesehen [27]. Für ihn war die Hochschulreform voller Gefahren, Widersprüche und Fallgruben. Seiner Ansicht nach hat die wissenschaftliche Forschung in Deutschland nach 1945 wieder ein Niveau hoher internationaler Anerkennung erreicht, und zwar ausschließlich durch Verdienst der älteren Hochschullehrer-Generation. Dieses Forschungsniveau ließ sich kaum aufrechterhalten, wenn man

Abb. 11. Heinz Staab, Heidelberg, und Peter Karlson, Marburg, bei der Jahresversammlung der Gesellschaft Deutscher Naturforscher und Ärzte, Mannheim, September 1982. [Photo H. Rotta, Stuttgart.]

der Lehre den Vorzug gab, zusammen mit dem Prozess der „Demokratisierung" und zeitraubenden Kämpfen gegen die Hochschulverwaltung und die staatliche Bürokratie. Staab warnte davor, daß das Niveau der wissenschaftlichen Forschung an den deutschen Universitäten in die Mittelmäßigkeit absinkt, wenn ihre Unterstützung von anderen Kriterien als der wissenschaftlichen Qualifikation und nachgewiesenen Befähigung bestimmt würde. Solch eine Verschlechterung ist laut Staab [27] besonders gefährlich für ein Land, in dem etwa 80 Prozent der Grundlagenforschung an den Universitäten durchgeführt worden war. Konnte sich Deutschland diesen unvermeidbaren Rückschritt leisten, wenn davon seine wirtschaftliche und kulturelle Zukunft abhing?

Insbesondere riet Staab seiner Universität, weiterhin in der Erziehung ihrer Studenten die moralischen Werte einer humanitären Gesellschaft zu pflegen, das heißt Toleranz, Fairness und Verständnis gegenüber politischen Gegnern, und insbesondere Abstand zu nehmen von physischer Gewalt und psychischer Verfolgung als Waffen in einem politischen Konflikt. Solche Aktionen hatte er täglich an seiner Universität miterlebt, der ältesten deutschen Universität, gegründet im Jahre 1386 von Rupert I., der der Universität Heidelberg eine Gründungsurkunde gab, in der alle Freiheiten, einschließlich der Steuerfreiheit garantiert wurden. Es ist bemerkenswert, daß Staab 1974 die Universität verließ und zum Direktor der berühmten Abteilung für Organische Chemie am Max-Planck-Institut für medizinische Forschung in Heidelberg ernannt wurde.

Staabs Warnungen wurden aufgegriffen vom Bund Freiheit der Wissenschaft (gegründet 1970), der seitdem gegen die schlimmsten Auswirkungen der Hochschulreformen kämpft. Wenn aber der Standard der wissenschaftlichen Forschung an den deutschen Universitäten nach dem Zweiten Weltkrieg sank trotz seines anfänglichen Aufstiegs, so verschlechterten sich auch die Bedingungen in England und Amerika. Sir Hans Krebs [28] hat darauf hingewiesen, daß in den acht Jahren zwischen 1960 und 1968 nur drei Nobelpreise an britische Universitäts-Wissenschaftler vergeben wurden, jedoch fünf an solche, die an anderen Instituten arbei-

Abb. 12. Sir Hans Krebs (links), Oxford, und Otto Warburg, Berlin, Nobelpreisträgertagung in Lindau 1966. [Photo H. Rotta, Stuttgart.]

teten. Seiner Meinung nach war einfach der Mangel an Zeit für die Forschung die Hauptursache dafür, daß die britischen Universitäten ihre herausragende Stellung verloren hatten. Wie Staab war auch Krebs davon überzeugt, daß eine optimale wissenschaftliche Forschung eine lebenswichtige Quelle aller modernen wirtschaftlichen und politischen Stärke ist. Selbst Amerika ist nicht mehr das „Schlaraffenland" der Wissenschaft, das es bis vor kurzem war. A. Bartlett Giamatti [29], Präsident der Yale-Universität, beklagte, daß das gedankenlose Eingreifen seiner Bundesregierung, besonders die übertriebenen Anforderungen an die Verantwortung für ihre Forschungsmittel, das Niveau der wissenschaftlichen Forschung stark negativ beeinträchtigt hat. Seiner Meinung nach bilden die Naturwissenschaften das Kernstück des universitären Auftrags, die schöpferische Einbildungskraft gezielt zu fördern. Wenn man diesen Kern trifft, schneidet man in das Herz der Universität.

Finanzen und Wiedergeburt

Als die alliierten Streitkräfte Deutschland 1945 besetzten, war ihr Hauptziel, das nationalsozialistische Regime und seine Anhänger zu zerstören und somit die Grundlage militärischer Macht zu vernichten. Einer der damals meist diskutierten Pläne stammte von Henry Morgenthau, dem amerikanischen Finanzminister. Morgenthaus Plan zielte darauf ab, die gesamte deutsche Industrie lahmzulegen und das Land nur durch reinen Ackerbau existieren zu lassen. Er wurde aber nie in die Tat umgesetzt. Was die Alliierten im Jahr 1945 in Deutschland vorfanden, war fast so schlimm: wirtschaftliche Stagnation, Zusammenbruch sämtlicher Kommunikationswege, Hungersnot, eine zur Verzweiflung treibende Wohnungsnot, eine unsichere Währung, ein blühender (und an sich lebensnotwendiger) Schwarzmarkt, und vor allem das Einströmen von Millionen von Deutschen aus dem Osten, die im Westen Zuflucht suchten.

Zwei weitere Leidensjahre mußten vergehen, ehe im Juni 1947 der damalige amerikanische Außenminister George C. Marshall einen Plan für die wirtschaftliche Rehabilitierung Europas, das Europäische Hilfsprogramm, kurz „Marshallplan" genannt, ins Leben rief. Während der ersten vier Jahre, 1948 bis 1952, wurden im Rahmen des Planes 12000 Millionen US-Dollar in Europa verteilt, ein Großteil davon erhielt Westdeutschland. Etwa 40 Millionen DM gingen direkt in die wissenschaftliche Forschung in Deutschland. Dies leitete eine Gesundung auf industriellem und landwirtschaftlichem Gebiet ein, erneuerte die Stabilität und expandierte den Handel. Während des sogenannten Wirtschaftswunders stieg die industrielle Produktion in Deutschland von 45% des Wertes im Jahre 1936 auf etwa 75% in der zweiten Hälfte von 1948, wobei sich allein die Stahlproduktion verdoppelt hat. Der Marshallplan war in der Tat eine mächtige Waffe im Kalten Krieg gegen den Kommunismus in Europa und gegen die Sowjetunion, geführt mit einer wirkungsvollen Kombination von rücksichtslosem politischen Willen, kluger wirtschaftlicher Unterstützung und humanitärer Sorge seitens der Vereinigten Staaten.

Durch die Wiederbelebung der Industrie gab es auch gleichzeitig Arbeit für die Wissenschaftler. Dabei handelte es sich zunächst nicht um Forschungspositionen, da die Industrie damals zuerst andere Prioritäten setzte, wie die Beschaffung von Grundmaterialien für den Wiederaufbau von Häusern, Eisenbahnen, Telephonen und all die anderen Erfordernisse einer modernen Gesellschaft. Es war eine Zeit, in der die Industrie die besten Gehirne der sich erneuernden Mittelklasse und der entlassenen Offiziere anzog. Ihre Organisationsfähigkeit und Erfahrung waren äußerst geschätzt in diesem neuen Krieg gegen den Mangel, und mindestens in einem Falle fand eine ganze Gruppe von Offizieren, die an gemeinschaftliche Stabsarbeit gewöhnt waren, eine Anstellung in einem einzigen Industriekonzern - ein kleines, aber nicht unbedeutendes Detail in der damaligen Situation.

Vielleicht noch wichtiger als der Marshallplan für die Wiedergeburt Deutschlands nach dem Zweiten Weltkrieg war die Währungsreform, die an einem Sonntag, am 29. Juni 1948, geschah. Jeder Deutsche durfte an diesem Tage, nach Ausfüllen der üblichen Formulare, 60 Reichsmark in 60 neue Deutsche Mark umtauschen, von denen 40 Deutsche Mark sofort ausbezahlt wurden. Der psychologische wie auch der wirtschaftliche Effekt war ungeheuerlich. Schon einmal in der Geschichte hat es solch einen denkwürdigen Tag gegeben: der 15. November 1923, als 1 000 000 000 000 Mark auf 1 Mark abgewertet wurden. Damals war es das Ende der jahrelangen Hyperinflation, 1948 war es der Wendepunkt für die wirtschaftliche Renaissance und das Ende des Schwarzen Marktes. Jahrelang versteckte Waren und kurz darauf auch neu importierte Artikel erschienen wieder in den Läden, und als Folge davon gab es auch kein Fernbleiben mehr in den Fabriken. Geld für Arbeit und Geld für Waren waren wieder zur Norm geworden. Es war der Anfang des „Wirtschaftswunders“, das hauptsächlich Ludwig Erhard zu verdanken ist.

Abb. 13. Inflationsgeld, signiert von einem Nobelpreisträger. Als der Mangel an Banknoten die Reichsbank am 1. September 1922 zwang, ihre Tore zu schließen, waren große Industriekonzerne genötigt, ihr eigenes Notgeld zu drucken, um einen Aufruhr unter ihren Arbeitern und Angestellten zu verhindern. Dieses Exemplar (110 × 170 mm) besaß bei seiner Ausgabe am 15. Oktober 1922 durch die Badische Anilin- & Soda-Fabrik (BASF, Ludwigshafen) einen Wert von 500 Mark und wurde nach weniger als einem Jahr mit einem neuen Wert von 5 Millionen Mark überdruckt; es war gültig bis zum 31. Oktober 1923. Die Banknote ist signiert von (Carl) Bosch, einem der Direktoren der BASF. Er erhielt 1931 den Nobelpreis für Chemie. (M. Schönberg berichtete über das Notgeld eines anderen Chemiekonzerns, der Hoechst-AG, in Hoechst-Dokumente Nr. 51, 1978.)

Wie alle anderen Deutschen hatten auch die Wissenschaftler persönlichen Nutzen von der Währungsreform und erhielten natürlich ihr Gehalt in Deutscher Mark. Jedoch mußte ein weiteres Jahrzehnt vergehen, ehe sich genügend Kapital angehäuft hatte, um die wissenschaftlichen Forschungsmöglichkeiten allgemein zu verbessern und die Expansion von Hochschulen, Instituten, Bibliotheken und anderer wichtiger Einrichtungen zu ermöglichen. Dies war ganz natürlich, denn die Öffentlichkeit hätte laut aufgeschrien, wenn nicht der Bau von Wohnungen und Häusern an erster Stelle gestanden hätte.

Aber ganz langsam erinnerten sich Politiker und die Öffentlichkeit wieder an die großen Wissenschaftler vom Deutschland der Vergangenheit,

Abb. 14. Rudolf Mößbauer, Professor für Experimentalphysik an der Technischen Universität München. Lindau 1982. [Photo H. Rotta, Stuttgart.]

und dann wurden ganz allmählich auch wieder Nobelpreise an deutsche Wissenschaftler verliehen. Nach dem Kriege war es zuerst Otto Hahn (Chemie 1945 für 1944), dann folgten Kurt Alder und Otto Paul Diels (Chemie 1950), Hermann Staudinger (Chemie 1953), Max Born und Wal-

Abb. 15. Manfred Eigen, Direktor am Max-Planck-Institut für biophysikalische Chemie (Karl-Friedrich-Bonhoeffer-Institut), Göttingen-Nikolausberg. [Photo MPG.]

ther Bothe (Physik 1954), Werner Forßmann (Physiologie und Medizin 1956), Rudolf Mößbauer (Physik 1961), Karl Ziegler (Chemie 1963) und Hans Jensen (Physik 1963), Feodor Lynen (Physiologie oder Medizin 1964), Manfred Eigen (Chemie 1967), Ernst Otto Fischer (Chemie 1973) und Karl von Frisch (Physiologie oder Medizin 1973) und Georg Wittig (Chemie 1979).

Im Jahr 1956 konnten die ersten Kernforschungszentren in Deutschland eingerichtet werden, und in Geesthacht (bei Hamburg) wurde eine Gesellschaft für Kernenergieverwertung in Schiffbau und Schiffahrt (GKSS) gegründet, die später das atomgetriebene Forschungs- und Handelsschiff *Otto Hahn* baute. Diese Gesellschaft und eine Anzahl anderer Zentren wurden später die „Großforschungseinrichtungen", deren Haushalt (in der Größenordnung vieler Millionen) von der Bundesregierung und den Ländern finanziert wird. Aber auch europäische Geldmittel sind zugeflossen:

Abb. 16. Adolf Butenandt, Werner Forßmann, Ernst Otto Fischer, am Mikrophon Feodor Lynen. Nobelpreisträgertagung in Lindau 1974. [Photo H. Rotta, Stuttgart.]

Zum Beispiel unterstützte Euratom die Plasmaforschung in Garching. So standen also um die Mitte der fünfziger Jahre wieder Geldmittel für die wissenschaftliche Forschung zur Verfügung. Manche deutsche Wissenschaftler erinnern sich an jene Zeit, als ihr Antrag auf eine Beihilfe den offiziellen Kommentar trug: „Ist das alles, was Sie brauchen? Brauchen Sie nicht noch mehr Geld?" Die Zahl der Lehrstühle an den Universitäten wurde verdoppelt, verdreifacht und vervierfacht durch Assistenzprofessuren, neue Institute entstanden, und die Anzahl der Studenten in den naturwissenschaftlichen Fächern nahm stark zu.

Der Beitrag der Regierung

„Kunst und Wissenschaft, Forschung und Lehre sollen frei sein", so bestimmt es 1949 das Grundgesetz der Bundesrepublik Deutschland, das sich als lebensfähige Grundlage für eine stabile und demokratische Gesellschaft erwiesen hat. Natürlich wird kein demokratischer Staat jemals die Ziele und Methoden eines bestimmten, einzelnen Forschungsprogramms diktieren, aber angesichts der großen Geldsummen, die der Staat der wissenschaftlichen Forschung zuführt, hat er auf die Wissenschaftspolitik einen erheblichen Einfluß. Durch diese Politik schafft er die Möglichkeit zur Durchführung bestimmter Forschungsprojekte und bietet dafür spezielle Stellen für die Wissenschaftler. Als im Nachkriegsdeutschland 1948 wieder eine stabile Währung etabliert war, konnte die Regierung erneut Mittel für die wissenschaftliche Forschung zur Verfügung stellen, zunächst zwar nur bescheidene Summen, die sich aber im Laufe der folgenden Jahrzehnte erheblich steigerten, besonders durch Zuschüsse von den Ländern. In den Jahren 1948/49 waren es 28 Millionen DM, die 1955 auf 80 Millionen DM zugenommen hatten; 1979 waren die Ausgaben der Bundesregierung für wissenschaftliche Forschung auf nahezu 10 000 Millionen DM gestiegen, trotz der niedrigen Inflationsrate von nur etwa 5 Prozent.

Ein großer Fürsprecher für die Unterstützung der Wissenschaft durch die Regierung war der Göttinger Physiker und Nobelpreisträger Werner Heisenberg [30], der 1963 eine Gruppe von Bundestagsabgeordneten auf dieses Thema ansprach. Er plädierte für eine größere Risikobereitschaft in der wissenschaftlichen Forschung und erinnerte daran, daß wenn das Schicksal in der Vergangenheit herausgefordert wurde, die deutschen Wissenschaftler oft erfolgreich reagiert haben. „Wir müssen wieder lernen, das

Neue aufzunehmen und hartköpfige Entscheidungen treffen darüber, was für uns wichtig ist und was man beiseite lassen kann." Heisenberg setzte sich auch für eine größere deutsche Beteiligung an internationalen wissenschaftlichen Projekten der Atom- und Weltraumforschung ein, wie CERN (Conseil Européen pour la Recherche Nucléaire), ELDO (European Launcher Development Organization) und ESRO (European Space Research Organization), heute ESA (European Space Agency). In dieser Hinsicht hat er mehr als eine Bestätigung erfahren: So setzte sich im Jahr 1981 das Budget von CERN aus den folgenden Beiträgen zusammen: Deutschland 25%, Frankreich 21,7%, Großbritannien 14,1%, Italien 12,7%, Niederlande 6,18%, Belgien 4,66%, Schweden 4,3% und dazu eine Anzahl anderer Länder. Natürlich gibt es noch viele andere wissenschaftliche Disziplinen, in denen Deutschland nun seinen rechtmäßigen Platz in der wissenschaftlichen Forschung einnimmt, besonders auf dem Gebiet der Astronomie und Ozeanographie, um nur zwei der wichtigsten zu erwähnen.

Die erste von der Bundesregierung in Bonn eingesetzte Behörde, die sich mit wissenschaftlichen Fragen befaßte, war das Bundesministerium für Atomfragen, und im Oktober 1955 wurde als sein erster Minister Franz Josef Strauß ernannt. Ein Jahr später wurde Strauß Verteidigungsminister, sein Nachfolger als Atomminister Siegfried Balke. In diese Zeit fällt auch die Gründung der beiden ersten Kernforschungsanlagen in Jülich und Karlsruhe, die dann im Laufe der Zeit zu Bundesforschungszentren wurden. Zusammen mit zehn anderen solchen Zentren bildeten sie 1970 eine Gesellschaft, die „Arbeitsgemeinschaft für Großforschungseinrichtungen", die 1980 über 16000 wissenschaftliche Angestellte beschäftigte und einen Jahreshaushalt von 1522 Millionen DM hatte. Von dieser Summe stellte der Bund 90 Prozent, die Länder die übrigen 10 Prozent.

Der ehemalige Präsident der Arbeitsgemeinschaft, Herwig Schopper [31] schrieb 1980 (anläßlich des 10. Geburtstages der Arbeitsgemeinschaft) mit Recht stolz über die großartigen Errungenschaften in den einzelnen Zentren, aber er warnte zugleich: „Ganz allgemein beunruhigt es mich, daß eine ständig wachsende Bürokratie in zunehmendem Maße Wissenschaftler und Ingenieure auf allen Ebenen behindert." Er machte sich auch Sorgen darüber, daß die Besetzung der leitenden Positionen in den Zentren mit führenden Wissenschaftlern immer schwieriger wird aufgrund administrativer Behinderungen und finanzieller Beschränkungen (sicherlich keine einmaligen und nicht nur deutsche Erfahrungen!).

Auf Anordnung der Besatzungsmächte wurde den Ländern zunächst die volle Verantwortung für die Förderung der wissenschaftlichen Forschung übertragen. Diese Teilung der Wissenschaft in elf geographische Sektionen war eines der ursprünglichen Mittel, mit denen die Besatzungsmächte kleine und leicht kontrollierbare Einheiten schaffen wollten. Jedoch diese Politik war nicht mehr fortsetzbar, nachdem die Bundesrepublik ihre Souveränität erhalten hatte, besonders, als die Kosten für „Big Science“, ganz abgesehen von der Verdoppelung, die Mittel der einzelnen Länder überstiegen. Dies wurde bereits im Jahr 1949 durch das Königsteiner Abkommen anerkannt, nämlich daß die Länder und die Bundesregierung die finanziellen Mittel 50:50 zu teilen haben; nach diesem Schlüssel

Abb. 17. Das Bundesministerium für Forschung und Technologie (Vordergrund) hatte in den 27 Jahren seiner Existenz 8 verschiedene Namen und 11 Minister (Tab.I.). Das Gebäude im Hintergrund ist das Justizministerium; beide Ministerien liegen zwischen Bonn und Bad Godesberg. [Photo Bundesregierung, Bonn.]

Jahr	Bundesministerium	Bundesminister
1948–1955	Wirtschaftsministerium (allgemeine wissenschaftliche Fragen)	
1955	Bundesministerium für Atomfragen	Franz Josef Strauß (CSU)
1956		Prof. Dr. Siegfried Balke (CSU)
1957	Bundesministerium für Atomkernenergie und Wasserwirtschaft	
1961	Bundesministerium für Atomkernenergie	
1962	Bundesministerium für wissenschaftliche Forschung	Hans Lenz (FDP)
1965	Bundesministerium für Wissenschaft und Forschung	Dr. Gerhard Stoltenberg (CDU)
1969	Bundesministerium für Bildung und Wissenschaft	Prof. Dr. Ing. Hans Leussink (parteilos)
1972		Dr. Klaus von Dohnanyi (SPD)
1974	Bundesministerium für Forschung und Technologie (BMFT)	Prof. Dr. Horst Ehmke (SPD)
1977		Hans Matthöfer (SPD)
1978		Dr. Volker Hauff (SPD)
1980		Dr. Andreas von Bülow (SPD)
1982		Dr. Heinz Riesenhuber (CDU)

Tab. I. Deutsche Wissenschaftsministerien und ihre Minister.

werden unter anderem die Deutsche Forschungsgemeinschaft (DFG) und die Max-Planck-Gesellschaft (MPG) noch heute vorwiegend finanziert.

Kehren wir nun zurück zu dem für Wissenschaft und Technologie verantwortlichen Bundesministerium; seine verschiedenen Bezeichnungen und die Namen der Minister sind in der Tabelle I aufgelistet. In diesem Rahmen ist es völlig unmöglich, einen Überblick über die mannigfaltigen Aktivitäten dieses Ministeriums während der vergangenen 25 Jahre zu ge-

Abb. 18. Das Forschungsschiff Meteor, 1964 in Dienst gestellt, vollendete seine 65. Reise im Winter 1980/81 mit einer 7 Monate dauernden Kreuzfahrt in der Antarktis. Es wird im Verhältnis 50:50 von der DFG und dem Deutschen Hydrographischen Institut finanziert und hat durch zahlreiche ozeanographische und interdisziplinäre Forschungsprogramme zur Renaissance der Ozeanographie in Deutschland wesentlich beigetragen (siehe auch: 50 Kreuzfahrten des Forschungsschiffes Meteor. DHI/DFG. Boldt-Verlag. Boppard 1978). [Photo DFG, Bonn.]

ben und darzustellen, wie sich seine Einflußsphäre im Laufe der Jahre erweitert hat. Abgesehen von der Unterstützung der Grundlagenforschung auf dem Weg über die Deutsche Forschungsgemeinschaft, die Max-Planck-Gesellschaft und die Universitäten ist das Ministerium für Forschung und Technologie (BMFT) unter anderem verantwortlich für die Weltraumforschung und für das gesamte Gebiet der Atomenergie. Josef Rembser [32] vom BMFT hat die grundlegende Philosophie seines Ministeriums folgendermaßen zusammengefaßt: „Um zukünftigen Herausforderungen erfolgreich zu begegnen, ist es für unser Land lebenswichtig, Spitzenforschung zu betreiben und die modernen Technologien zu beherrschen."

Ein typisches Beispiel dafür, wie diese Philosophie praktisch angewendet wird, ist das kürzlich begonnene deutsche Antarktisprogramm. In der Hoffnung auf den Fang von Krill in den südlichen Meeren und die Gewinnung von möglichen Bodenschätzen im antarktischen Festland wurde beschlossen, ein intensives Forschungsprogramm in diesem Gebiet zu beginnen, die wesentliche Voraussetzung für einen Beitritt zum Internationalen Antarktisvertrag von 1959. Diese politische Entscheidung, die der Bundeskanzler Helmut Schmidt sehr befürwortet hat, wurde dann vom Bundestag 1978 angenommen und eine Summe von 380 Millionen DM bewilligt. Am Antarktisprogramm sind verschiedene Ministerien beteiligt, ganz besonders aber das BMFT.

Das Programm ist zwar ehrgeizig, es hat aber die richtige Größenordnung für ein Land wie Deutschland. Auf dem Schelf westlich der Berkner-Insel soll eine ständige Forschungsstation errichtet werden (Kosten etwa 20 Millionen DM) mit Überwinterungsmöglichkeiten für bis zu 45 Wissenschaftler und Techniker. Ein spezielles Forschungsschiff für Polarreisen wurde 1982 fertiggestellt. Es ist das größte deutsche Forschungsschiff (Kosten etwa 85 Millionen DM); für seine Rumpfkonstruktion wurden die modernsten Techniken angewendet. Ferner wurde 1980 in Bremerhaven das Alfred-Wegener-Institut für Polarforschung gegründet; der Bau kostete 40 Millionen DM, und das Jahresbudget für laufende Kosten beträgt etwa 30 Millionen DM. In dem Institut arbeiten rund 40 Wissenschaftler und etwa 30 Hilfskräfte, und so wird die Tradition der deutschen Antarktisforschung fortgesetzt, die auf den Beginn dieses Jahrhunderts mit der von Erich von Drygalski geführten Expedition zurückgeht. Die Antarktisforschung ist auch die letzte Forschungsrichtung, die im weiten Spektrum der wissenschaftlichen Disziplinen, in denen heute in Deutschland geforscht wird, gefehlt hat.

Die Chemische Industrie

Von all den Industrien, deren Basis die Naturwissenschaften bilden, ist die chemische Industrie historisch das einheitlichste und wissenschaftlich erfolgreichste Beispiel einer industriellen Wiedergeburt. Seit der Zeit, als der 18jährige englische Student William Perkin in Hoffmanns Londoner Laboratorium 1856 bei der Oxidation von unreinem Anilin mit Bichromat den ersten rein synthetischen Anilinfarbstoff Mauvein (Perkins Mauve, Perkinviolett) entdeckte und ein Patent für die Herstellung erhielt, war es denjenigen, die diese damals neue Industriebranche erfolgreich machen wollten, klar geworden, daß nur die engste Zusammenarbeit zwischen Forschungschemikern, Ingenieuren, Verkaufsmanagern sowie Finanzberatern den Erfolg sicherstellen konnte. Dieses grundlegende Konzept wurde besonders in der deutschen chemischen Industrie gepflegt, wo stets der Wissenschaftler an der Spitze steht, und nicht, wie in den angelsächsischen Ländern, englische Buchhalter als Vorsitzende und amerikanische Rechtsanwälte als Präsidenten ihrer Firmen fungieren. Dies ist zweifellos eine der Hauptursachen dafür, daß die deutsche chemische Industrie nach Ende des Zweiten Weltkrieges eine so phänomenale Neuerstehung in Szene setzen konnte, eine Auferstehung, die alles in den Schatten stellte, was je zuvor erreicht worden war.

Diese hochinteressanten Vorgänge können wir hier nur ganz kurz erörtern; ausführliche historische Studien über die europäische chemische Industrie wurden von verschiedenen Autoren publiziert, zum Beispiel eine Erhebung über wirtschaftliche Aspekte von L. F. Haber [33], dem Sohn von Fritz Haber, die Geschichte der Imperial Chemical Industries (ICI) von Reader [34], über Hoechst von Bäumler [35], über die Badische Anilin- & Soda-Fabrik (BASF) von Roggersdorf [36] und die Geschichte

Abb. 19. Die „Chemische Stadt" Höchst. Die Farbwerke Hoechst erstrecken sich beiderseits des Mains bei Frankfurt. Im Hintergrund befinden sich die Produktionsgebäude, in den weißen Gebäuden im Vordergrund, einschließlich der drei sechseckigen Gebäude, die gesamte Forschung. [Photo Hoechst AG.]

der CIBA [37] und Geigy [38] von Bürgin. Schließlich muß hier auch die beschämende Geschichte der IG Farbenindustrie Aktiengesellschaft (ausgenommen Carl Bosch) während des Zweiten Weltkrieges erwähnt werden, die Borkin [39] geschrieben hat.

Die IG-Farben (Interessengemeinschaft der deutschen Farbenindustrie A.G.), ein Verbund der sechs größten deutschen Chemiefirmen, wurde nach vielen Anfangsschwierigkeiten 1925 gegründet, mit einem Gesamtkapital von 750 Millionen Reichsmark; seine Entflechtung wurde von der Alliierten Kontrollkommission im Juli 1945 angeordnet und trat 1952 in Kraft. Man zersplitterte den Konzern in drei Gesellschaften, die Hoechst AG, die BASF AG und die Bayer AG, in Frankfurt-Höchst, Ludwigshafen und Leverkusen. Heute ist jedes einzelne der Unternehmen größer als die ursprüngliche IG-Farben, größer als die britische ICI (Imperial Chemical Industries) und sogar größer als Amerikas größter Chemiekonzern (E. I. Du Pont). Wie konnte diese bemerkenswerte Wiedergeburt erreicht werden? O'Sullivan [40] hat einige der maßgebenden Faktoren zusammengefaßt, und er meint (wie auch andere, die dieses Phänomen untersucht haben), daß die nie nachlassende und ständig wachsende Unterstützung der Forschung der wichtigste Aspekt ist. So gab zum Beispiel die Hoechst-Gruppe im Jahr 1979 1142 Millionen DM für die Forschung aus, das ist nur etwas weniger als die Gesamtsumme, die die Bundesrepublik für ihre elf Großforschungseinrichtungen ausgegeben hat.

Ein anderer Faktor ist das Überwiegen der Chemiker im Vorstand der drei Gesellschaften: die Vorstandsvorsitzenden Herbert Grünewald (Bayer), Rolf Sammet (Hoechst) und Matthias Seefelder (BASF) sind hoch renommierte Chemiker. Daß eine getreue Unterstützung der Forschung, ohne Rücksicht auf steigenden oder fallenden Absatz und Gewinn sich auszahlt, zeigte sich zum Beispiel im Verkaufsregister der BASF des Jahres 1980, in dem ein volles Drittel des Gesamtabsatzes von Produkten stammte, die 1970 noch nicht existierten. 1979 investierte die BASF 1040 Millionen DM in die Forschung und setzte damit eine Politik fort, die für alle drei Gesellschaften seit dem Ende des Zweiten Weltkrieges höchst erfolgreich gewesen war.

Ein weiterer Faktor sind die engen Bande, die seit über hundert Jahren zwischen Industrie und Universität auf dem Gebiet der Chemie existieren. Kontrakte für spezielle Forschungsobjekte, Beraterverträge und Professuren, die führende Industriechemiker besetzen, sind äußere Zeichen dieser Bindung, zu denen der Fonds der Chemischen Industrie so wesentlich bei-

Abb. 20. Schotts optische Gläser. Bei Schott in Mainz werden 250 Glassorten gelagert, die größte Sammlung dieser Art in der Welt. Die Gläser dienen der Herstellung von optischen Instrumenten aller Art. [Photo Schott, Mainz.]

getragen hat. Er wurde von Otto Bayer 1950, nur fünf Jahre nach Kriegsende, gegründet und zwar mit einer geringen Abgabe von 50 Pfennig für jeden Angestellten in allen chemischen Firmen in Deutschland; die dadurch eingenommenen Geldmittel, zwischen 1950 und 1980 160 Millionen DM, wurden stets großzügig an die begabtesten Chemiestudenten und -lehrer an den Universitäten verteilt, ohne daß der Fonds jemals ein Stipendiumgesuch erhalten hätte.

Es sieht nicht so aus, als ob dieser so glänzend wiedergewonnene Forscherimpetus in der Zukunft wieder nachlassen wird. Die interdisziplinäre Forschung wird beispielsweise stark ausgenutzt für die Einzell-Protein-Produktion (vgl. P. Präve [41]). Auch wächst das Interesse an der Gentechnologie. All dies sollte man einfach als eine Fortsetzung der langen Tradition der pharmazeutischen Forschung sehen, durchgeführt von Hoechst (wo Robert Koch 1890 arbeitete) und von Bayer. So meinte K. Weissermel (Forschungsdirektor bei Hoechst): „Unsere Hoffnung ist, daß einige unserer zukünftigen Synthese-Arbeiter Bakterien sein werden."

Ein weiteres Beispiel für eine bemerkenswerte industrielle Renaissance sind die Jenaer Glaswerke Schott und Genossen – eine alteingesessene deutsche Institution. Bereits in den Jahren 1884 und 1885 erhielten Carl Zeiss und Ernst Abbe zusammen mit Otto Schott auf Antrag der Regierung vom Preußischen Landtag die Summe von 60000 Mark für die Einrichtung einer privaten Glashütte bewilligt [76] – das ist wohl eines der ersten Beispiele für die staatliche Unterstützung der chemischen Industrie. Professor Erich Schott, Sohn des Gründers Otto Schott, berichtete darüber [42], wie er und 40 seiner Kollegen im Juni 1945 unter amerikanischem Geleit mit nichts außer ihren persönlichen Notizbüchern von Jena in der Ostzone nach Hildesheim in den Westen transportiert worden sind.

In Westdeutschland fand Erich Schott in seinem kleinen Zweigwerk in Zwiesel die erste Grundlage für seinen Wiederaufbau. Eine wichtige Rolle spielte dabei ein Darlehen von 15 Millionen DM aus Mitteln des Marshallplans, mit dem eine neue Fabrik in Mainz nach modernsten Prinzipien gebaut werden konnte. Gegenwärtig sind mehr als 600 verschiedene Glasarten von Schott in Mainz erhältlich, 400 davon für optische Geräte. Die Firma ist das größte Werk Europas für Spezialgläser und steht auf Platz 2 der Weltrangliste; ihre Typen für Spezialgläser sind weltweit als Standardbezeichnungen übernommen worden. Ohne Zweifel könnten viele andere deutsche Industrieunternehmen eine ähnliche Geschichte der Auferstehung aus den totalen Trümmern des Krieges erzählen. Sobald der Wiederaufbau gelungen war und oft sogar schon vorher, hat die deutsche Industrie großzügig die Wissenschaft unterstützt, wie die folgenden Ausführungen eindrucksvoll zeigen werden.

Die Stiftungen

Zu den entscheidenden Faktoren, die zur Wiedergeburt der Wissenschaft in Deutschland beigetragen haben, gehörten die großen Stiftungen, ja sie spielten dabei eine Hauptrolle. Hier sollen nur zwei von ihnen, der Stifterverband und die Stiftung Volkswagenwerk, erwähnt werden. Der Stifterverband geht auf das Jahr 1920 zurück, die Stiftung Volkswagenwerk wurde 1961 gegründet. Die Alexander-von-Humboldt-Stiftung wollen wir später betrachten.

Stifterverband für die Deutsche Wissenschaft

Wie bereits erwähnt, waren im Jahre 1920, kurz nach dem Ersten Weltkrieg, die Finanzen für die Wissenschaft in Deutschland etwa auf dem gleichen Tiefstand wie 1945. Damals schloß sich eine Gruppe von Akademien und Universitäten in der „Notgemeinschaft der Deutschen Wissenschaft" zusammen, aus der später die Deutsche Forschungsgemeinschaft (DFG) wurde. 1920 hat sich dieser „Notgemeinschaft" der „Stifterverband" angeschlossen unter der Präsidentschaft von C. F. von Siemens. Dieser Stifterverband wurde 1949 wiedererrichtet, als wieder einmal finanzielle Hilfe für die Wissenschaft in Deutschland zu einer überwältigenden Notwendigkeit geworden war, wenn die Wissenschaft erneut eine Stellung einnehmen wollte, die der vor 1933 vergleichbar war, ganz zu schweigen von Deutschlands führender Position vor dem Ersten Weltkrieg.

Die Neugründer von 1949 sahen sich vielen Problemen gegenüber, die denen des früheren Stifterverbandes ähnelten; einige davon hat schon Professor Fritz Haber im Jahr 1921 [43] dargelegt, als er die Hauptziele und Projekte der Notgemeinschaft formulierte. Er beklagte, daß „durch disziplinloses Betteln einzelner wissenschaftlicher Stellen Würde, Ansehen und Erfolg zu Schaden gekommen sind"; statt dessen sollte einer einzelnen Organisation wie der Notgemeinschaft, oder in diesem Fall dem Stifterverband, „in würdiger Weise geholfen werden". Während man 1921 reiche Deutsche im Ausland angebettelt hat, wandten sich die Bittsteller nach

Abb. 21. Gaius Cilnius Maecenas, 70–8 v. Chr. Dieser wohlhabende römische Förderer der Künste und der Literatur dient dem Stifterverband als Symbol für eine großzügige Schenkung zugunsten ihres Fonds. Das Portrait wurde geschaffen nach dem Profil des Maecenas auf der „Ara pacis", dem Friedensaltar in Rom; auf der Rückseite der Medaille (Durchmesser 350 mm) befindet sich die Inschrift: Dem Förderer deutscher Wissenschaft. [Photo Stifterverband, Essen.]

1945 an die deutsche Industrie, die mit Hilfe des Marshallplans wieder zu Wohlstand gelangt war.

Der Stifterverband, der sich in den Mantel des Maecenas hüllte, sammelte große Geldsummen von der Industrie und anderen Quellen, die 1980 insgesamt 22,2 Millionen DM betrugen. Alles wurde ohne Bezug auf ein spezielles wissenschaftliches Projekt gespendet. Der Stifterverband fand es keineswegs leicht, „Wissenschaft zu verkaufen", weil die meisten Menschen die Wissenschaft dem Verantwortungsbereich des Staates und der Länder zuordnen, deren Pflicht es auch sei, die notwendigen Fianzmittel zur Verfügung zu stellen. Die Befürchtung jedoch, daß wenn man sich allein auf öffentliche Mittel verließe, der Staat die Richtung der wissenschaftlichen Forschung beeinflussen würde (Dirigismus), bewog viele führende Wissenschaftler Deutschlands, den Stifterverband zu unterstützen und in weiten Kreisen zu seinen Gunsten zu sprechen. Dazu gehört Werner Heisenbergs Ansprache zum „Wiederaufbau der deutschen Wissenschaft", ein Dokument, das anscheinend leider nicht mehr auffindbar ist.

Die grundlegende Philosophie des Stifterverbandes wurde von F.-E. Nord [44], der von 1949 bis 1965 dessen Vorsitzender war, in seinem Bericht von 1964 nach fünfzehn Jahren des Bestehens, dargelegt: „Immer müssen Wissenschaft und Gesellschaft sich gegenseitig bedingungslos ergänzen. Wir müssen dabei mit Priorität Grundlagenforschung und Geisteswissenschaften fördern. Ohne die Geisteswissenschaften gibt es keine Grundlagenforschung, ohne Grundlagenforschung keine angewandte Forschung, und ohne alle drei keine Entwicklung, sei es in Bildung und Erziehung, in Produktion und in Qualität. Unsere Wirtschaft kann ohne die Förderung aller Sparten der Wissenschaft nicht lebensfähig bleiben, und ohne eine lebensfähige Wirtschaft wird unser Volk nicht nur wirtschaftlich, sondern auch kulturell und moralisch verkümmern müssen".

Der Stifterverband übernahm auch eine erzieherische Funktion, indem er die Industriellen und andere Stifter davon überzeugte, daß alle Bereiche der Natur- und Geisteswissenschaften Unterstützung brauchten und nicht nur ihre eigene eng begrenzte industrielle Sphäre. Dabei halfen hervorragende Publikationen, besonders das *Vademecum,* ein einzigartiges umfassendes Nachschlagewerk über alle deutschen Natur- und Geisteswissenschaften. Es verzeichnet 7000 Institutionen der Lehre und Forschung an 374 Orten in Deutschland, an denen 15 300 Menschen an 13 000 wissen-

Abb. 22. Ferdinand-Ernst Nord (1898–1981). [Photo Stifterverband, Essen.]

schaftlichen Projekten arbeiten. Diese Zahlen beziehen sich auf die siebte Ausgabe (1978), zusammengestellt unter Leitung des Haupt-Herausgebers F.-E. Nord.

Stiftung Volkswagenwerk

Diese Stiftung, in deren Namen der fast unsterbliche „Käfer“ fortlebt, ist eine unabhängige, gemeinnützige Wissenschaftsstiftung, die im Mai 1961 als Stiftung privaten Rechts gegründet wurde. Ihre Aufgabe ist die Förderung von Natur- und Geisteswissenschaften und Technik in Forschung und Lehre.

Bei den privaten Stiftungen der Welt rangiert sie unter den ersten fünf, mit einer mittleren jährlichen Fördersumme von über 100 Millionen DM; 1979 zum Beispiel unterstützte sie über 550 neue Projekte mit Kosten von 115 Millionen DM. Stipendien werden an wissenschaftliche Einrichtungen (nicht unmittelbar an Einzelpersonen) vergeben, in der Regel für eine Dauer von maximal 5 Jahren.

Das Vermögen der Stiftung nahm seinen Anfang in der Fabrik, die den „Volkswagen“ herstellte, der im Jahr 1936 von Professor Ferdinand Porsche entworfen wurde. Viele Deutsche hat man damals dazu gebracht, Vorauszahlungen von je 960 Reichsmark für ihren Volkswagen zu leisten, den sie aber niemals erhielten. Während des Zweiten Weltkrieges produzierte die Fabrik in Wolfsburg Militärtransportfahrzeuge, jedoch nach 1945 löste sie rasch ihr ursprüngliches Versprechen ein und begann die außerordentlich erfolgreiche Herstellung des Volkswagens.

Zwischen 1945 und 1961 sind 5 Millionen Stück produziert worden, aber wem gehörten die Fabrik und ihr Gewinn? Sowohl der Bund als auch das Land Niedersachsen erhoben Ansprüche darauf. Dieses Problem wurde schließlich geregelt durch den öffentlichen Verkauf von 60% der Anteile einer neuen Aktiengesellschaft, die alle Vermögenswerte übernommen hatte. Der Verkauf dieser Aktien lieferte das Stiftungskapital. Der Bund und das Land Niedersachsen behielten je 20% der Aktien, deren Dividenden aber in die Stiftung eingehen. Eine Beschreibung des historischen und rechtlichen Hintergrundes sowie der ersten zehn Jahre der Tätigkeit der Stiftung gab Kerscher 1972 [45]. Gegenwärtig beträgt ihr Kapital rund 1,3 Milliarden DM, und trotz ihres Namens ist die Stiftung völlig unabhängig, sowohl von der Bundes- und Landesregierung als auch von der Automobilfabrik, der Volkswagenwerk AG.

Abb. 23. Radioteleskop auf dem Effelsberg (Eifel). Das Max-Planck-Institut für Radioastronomie, Bonn, wurde 1962 gegründet. 10 Jahre später konnte sein 100-m-Teleskop in Betrieb genommen werden; es wurde gebaut mit Hilfe einer Unterstützung von 30 Millionen DM der Stiftung Volkswagenwerk. Die mit dem Gerät geleisteten Forschungsarbeiten hoben die deutsche Astronomie wieder auf Weltniveau; die laufenden Kosten, die von der Max-Planck-Gesellschaft getragen werden, beliefen sich 1980 auf 14,7 Millionen DM. [Photo H. Rotta, Stuttgart.]

Diese völlige Unabhängigkeit, das heißt, indem die Treuhänder nur ihrem Gewissen und den Statuten gegenüber verantwortlich sind, verlieh der Stiftung große Stärke und Flexibilität und zugleich hohes Ansehen weit über Deutschland hinaus. Es hat viele Versuche von Regierungsbehörden (Rechnungshöfe) gegeben, die finanziellen Angelegenheiten der Stiftung zu überwachen, aber bisher sind sie erfolgreich abgewiesen worden. Zu den im April 1981 als vorrangig herausgestellten Projekten der Förderung in den Naturwissenschaften gehören: Zellbiologie, Ökogenetik, Synergetik, Physik und Chemie unkonventioneller Materialien (Herstellung und Charakterisierung), Mikrostrukturwissenschaft, mathematische und theoretische Grundlagen in den Ingenieurwissenschaften, Archäometrie, Informationstheorie und Energieforschung.

Historisch gesehen waren wohl die Förderungsmittel von 100 Millionen DM zwischen 1963 und 1975 für die Etablierung der Molekularbiologie in Deutschland das bedeutendste Ereignis. In ähnlicher Weise ermöglichten 45 Millionen DM der Biotechnologie, in einem eigenen neuen Institut in Stöckheim (bei Braunschweig) einen Anfang zu machen, und 1963 wurden mit 3 Millionen DM die Vorbereitungsarbeiten für die EMBO (European Molecular Biology Organization) unterstützt. Aber nicht nur in den biologischen und medizinischen Wissenschaften hat die Stiftung eine Pionierrolle gehabt; so erhielt zum Beispiel das Max-Planck-Institut für Radioastronomie in Bonn 30 Millionen DM für ein 100-m-Radioteleskop, das 1972 auf dem Effelsberg (Eifel) in Betrieb genommen wurde. Weiterhin gingen in der 10-Jahresperiode, die 1973 endete, über 565 Millionen DM in Forschungs- und Universitätsbibliotheken, hier zum Aufbau von Nachschlagemöglichkeiten, für Computer, Einrichtungen zur Katalogisierung, Mikrofilminstallationen und moderne elektronische Bibliothekssysteme. Bei all diesen Errungenschaften darf die Stiftung Volkswagenwerk stolz darauf sein, daß ihre Verwaltungskosten nur bei 5,8 Prozent des

Abb. 24. Gründung der Kaiser-Wilhelm-Gesellschaft in Berlin im Jahr 1911. Gründungsversammlung der KWG in der Königlichen Akademie für Gelehrte Künste. [Photo MPG, Archiv, Berlin.]

Abb. 25. Adolf von Harnack (1851–1930). [Photo aus dem Archiv seines Enkels Gustav-Adolf von Harnack, Düsseldorf.]

Jahresbudgets lagen. Die Veröffentlichungen und umfassenden Jahresberichte können von der Stiftung (Kastanienallee 35, 3000 Hannover 81) bezogen werden.

Kaiser-Wilhelm-Gesellschaft/Max-Planck-Gesellschaft zur Förderung der Wissenschaften

Die Kaiser-Wilhelm-Gesellschaft wurde am 11. Januar 1911 mit dem Theologie-Professor Adolf von Harnack als erstem Präsidenten in Berlin gegründet; daraus wurde nach dem Zweiten Weltkrieg die Max-Planck-Gesellschaft (MPG) von heute, mit Otto Hahn als erstem Präsidenten. Erster Schatzmeister der Kaiser-Wilhelm-Gesellschaft (KWG) war Franz von Mendelssohn. Zehn Jahre nach ihrer Gründung veröffentlichte Carl Neuberg zur Feier dieses Jubiläums eine „Festschrift" [47], die in alphabetischer Ordnung kurze Beiträge von berühmten Wissenschaftlern in Deutschland enthält - unter anderem Abderhalden, Bergmann, Einstein, Franck, Haber, Hahn, Meitner, Polanyi, Prandtl, Warburg und Wassermann, - alles Mitglieder der Kaiser-Wilhelm-Gesellschaft. Die Schrift ist ein lebendiger Beweis für das grundlegende Prinzip der Gesellschaft „ad personam", nämlich die besten Wissenschaftler zu engagieren und ihre Arbeit in vollkommen unabhängigen Instituten zu fördern. Während

Abb. 26. Franz von Mendelssohn (1865–1935). [Photo MPG.]

Abb. 27. Goldene Amtskette des Präsidenten der Kaiser-Wilhelm/Max-Planck-Gesellschaft (Durchmesser 60 mm). In die Kettenglieder eingefügt sind 6 Plaketten mit den Namen der Vorgänger: Adolf von Harnack (1911–1930), Max Planck (1930–1937, 1945–1946), Carl Bosch (1937–1940), Albert Vögler (1941–1945), Otto Hahn (1946–1960), Adolf Butenandt (1960–1972).

zweier verlorener Weltkriege, Hyperinflation, einer oft totalen Zerstörung der Institutsgebäude und schließlich noch nach einem Namenswechsel, ermöglichte das Festhalten an dieser Regel der Gesellschaft, alles Mißgeschick zu überstehen. Als die KWG etwa 20 Jahre alt war, konnte Dr. F. Glum [48], der damalige Generalsekretär der Gesellschaft, auf ihre Errungenschaften zurückblicken und voraussagen, daß ihre Zukunft gesichert wäre, wenn erstklassige Wissenschaftler, besonders junge Leute, für die Gesellschaft gewonnen werden könnten. Zum 50jährigen Bestehen (1961) der Kaiser-Wilhelm/Max-Planck-Gesellschaft berichtete Adolf Butenandt (Präsident der MPG von 1960 bis 1972) über den Standort der MPG im Wissenschaftsgefüge der Bundesrepublik Deutschland [49].

Gut 70 Jahre nach ihrer Gründung genießt die Max-Planck-Gesellschaft wieder in der ganzen Welt höchstes Ansehen als erster Repräsentant der

Abb. 28. Minerva, vergoldetes Abzeichen der Mitglieder der Max-Planck-Gesellschaft nach 25jähriger Mitgliedschaft. Größe: 20 × 30 mm. [Photo MPG.]

Abb. 29. Lise Meitner, Otto Hahn (links) und Max Born, Nobelpreisträgertagung in Lindau 1962. [Photo H. Rotta, Stuttgart.]

Wissenschaften in Deutschland, entsprechend einer Akademie der Wissenschaften. Die schwierigste Zeit in der Geschichte der Gesellschaft war wohl das Dritte Reich, als ihre Grundregel „ad personam“ von der nationalsozialistischen Devise „contra personam“ unterdrückt wurde. Ohne Zweifel ist es das Verdienst von Dr. Ernst Telschow (Generalsekretär während des Zweiten Weltkrieges), daß es der Gesellschaft gelang, ihre unabhängige Position zu behaupten trotz der Bedrohung durch die Versuche der Nationalsozialisten, sie ihren Ideologien zu unterwerfen. Wie Telschow mit der Hilfe und Unterstützung von seitens des britischen Colonel B. Blount den Zerfall der Gesellschaft durch seine Institutsbesuche verhindern konnte, wurde bereits erwähnt. In seiner Gratulation zu Telschows 65. Geburtstag im Jahr 1954 nannte Otto Hahn [50] den Höhepunkt von Telschows Berufsleben, daß er die Gesellschaft unversehrt erhalten konnte. Zu Telschows 90. Geburtstag (1979) errichtete die Gesellschaft eine nach ihm benannte Stiftung zur Förderung der Verwaltung der Wissenschaften.

Telschow war es, der 1945 Max Planck überreden konnte, wieder die Präsidentschaft der Gesellschaft zu übernehmen, um ihr erneut das alte Prestige zu verleihen. In jenen schweren Tagen trug diese Aktion sehr zur moralischen Aufrüstung aller bei, die in den weitverstreuten Instituten arbeiteten, und half auch der erfolgreichen Fortführung der Gesellschaft

Abb. 30. Otto Hahn und Adolf Butenandt, Lindau 1967. [Photo H. Rotta, Stuttgart.]

Abb. 31. Max Planck (1858–1947). [Photo MPG.]

selbst. Vor allem sollen die Bemühungen Otto Hahns höchste Anerkennung finden, denn ohne seine Geschicklichkeit, seine Hingabe und seinen Scharfsinn hätte die Gesellschaft ihre Unabhängigkeit nicht so früh wiedererlangt. Hahn war Anfang Juli 1945 mit einer Anzahl von prominenten Wissenschaftlern (Bagge, Diebner, Gerlach, Harteck, Heisenberg, Korsching v. Laue, Fr. v. Weizsäcker, Wirtz) nach England gebracht und in Farmhall interniert worden. Auf Vorschlag von Max Planck wählte dann die KWG Hahn als dessen Nachfolger zu ihrem Präsidenten, ein Amt, das er kurz nach der Rückkehr aus der Internierung am 1. April 1946 antrat. In zähen Verhandlungen mit den Alliierten erreichte er, daß die Kaiser-Wilhelm-Gesellschaft als Max-Planck-Gesellschaft neu erstehen konnte, zuerst in der britischen, dann in allen drei westlichen Zonen [77]. Hahn hat die Bürde der Präsidentschaft in dieser schweren Zeit 14 Jahre lang getragen. Auf das „ad personam" Prinzip des Gründungspräsidenten Adolf von Harnack, die Institute der Gesellschaft für die hervorragendsten Wissenschaftler zu gründen, wies Adolf Butenandt erneut in seiner Rede zum 50. Geburtstag der Gesellschaft (1961) hin.

Vielleicht ist es aufschlußreich, anhand der jährlichen Finanzen kurz das Wachstum der Gesellschaft nach dem Kriege zu verfolgen, wenngleich derartige Angaben wenig geeignet als Maß für die Leistungen in der Forschung sein mögen. Butenandt berichtete 1961, die Gesellschaft verfüge über ein Jahresbudget von 80 Millionen DM, und er verglich diese

Summe mit dem jährlichen Forschungsbudget von Hoechst, BASF und Bayer (den drei Nachfolgegesellschaften der IG-Farben), das damals jährlich je 100 Millionen DM betrug. Für 1979 ergaben sich folgende Zahlen: die Max-Planck-Gesellschaft 794 Millionen DM und jede der drei Chemie-Gesellschaften gut über 1000 Millionen DM.

Aufschlußreich ist hier auch die prozentuale Aufteilung des Jahresbudgets der Max-Planck-Gesellschaft im Jahr 1979: 6,5% für Astronomie und Astrophysik, 12,6% für Chemie, 30,7% für Physik, 1% für Mathematik, 9,3% für Meteorologie, 27% für biomedizinische Forschung, 2,2% für Ökologie, 4,1% für Psychologie, 2,7% für die Rechtswissenschaften, 1,4% für Geschichtswissenschaften und 2,5% für Sozialwissenschaften. Der größte Teil der Geldmittel der Gesellschaft stammt zu etwa gleichen Teilen vom Bund und den Länderregierungen, Einkommensquellen, die der Gesellschaft seit ihrer Gründung vor 70 Jahren treu geblieben sind. Der etwa zehnfache Anstieg der Ausgaben während der letzten zwei Jahrzehnte wurde nur ermöglicht durch die sehr geringe Inflation, die in diesem Zeitraum unter 5 Prozent lag.

Abb. 32. Max-Planck-Institut für Festkörperforschung in Stuttgart (gegründet 1969). 1975 zog das Insitut in diesen modernen Gebäudekomplex in Stuttgart-Büsnau ein (Architekten Brenner und Partner). [Photo MPG.]

Organisation	Jährliche Ausgaben (Millionen DM)
Industrie insgesamt, Forschung und Entwicklung	20 000
Hoechst AG (Beispiel für ein Chemiewerk)	1 142
Shell International (zum Vergleich)	1 045
Bundesregierung (BMFT)	10 000
Landesregierungen	5 800
Universitäten	5 700
Militärische Forschung und Entwicklung (nach[61])	2 200
Großforschungseinrichtungen	1 522
Deutsche Forschungsgemeinschaft (DFG)	815
Max-Planck-Gesellschaft (MPG)	794
Stiftung Volkswagenwerk	115
Alexander von Humboldt Stiftung (AvH)	31
Stifterverband	22

Tab. II. Forschungsausgaben der deutschen Wissenschaftsorganisationen nach Daten von 1979/80. Diese Tabelle soll nur zum Vergleich der Größenordnung dienen. Von der Bundesregierung und den Landesregierungen fließen große Summen an die Universitäten, die MPG und die AvH-Stiftung; die militärische Forschung und Entwicklung wird getrennt finanziert.

Während der Präsidentschaft von Butenandt (1960-1972) erlebte Deutschland seine größte wirtschaftliche Expansion, und das spiegelte sich natürlich in den Verhältnissen der Gesellschaft wider. Die Zahl des Personals hat sich etwa verdreifacht und erreichte 1979 in den 50 Instituten 8200, darunter 2100 Wissenschaftler. Im Laufe dieses Jahres arbeiteten 1250 ausländische und 1400 deutsche Gastwissenschaftler in den Instituten der Gesellschaft, ein klarer Beweis für die Wiedererlangung der internationalen Anerkennung. Dies wird auch durch die Tatsache unterstrichen, daß 1979 in den Instituten der Gesellschaft 900 Forschungsobjekte von internationalem Charakter liefen, und daß sich an dieser Zusammenarbeit in erster Linie Kollegen aus den Vereinigten Staaten, Großbritannien und Frankreich beteiligten, das heißt aus Ländern, die selbst hohes wissenschaftliches Ansehen genießen.

Abb. 33. Die Büste von Otto Hahn wurde an seinem 88. Geburtstag (8. März 1967) der Max-Planck-Gesellschaft in Göttingen von der Bildhauerin Dr. Marianne Kiesselbach und dem Präsidenten der Max-Planck-Gesellschaft, Adolf Butenandt, übergeben.

Die Generalverwaltung der Max-Planck-Gesellschaft hat ihren Sitz in der Residenz in München. Präsident (seit 1972) ist der Physiker Reimar Lüst. Regelmäßig erscheint ein Jahrbuch, und der „MPG-Spiegel" informiert über die Aktivitäten der Gesellschaft.

Die Bilanz

Im Vorhergehenden haben wir gesehen, daß die Wissenschaft in Deutschland seit ihrem Tiefpunkt im Jahr 1945 eine bemerkenswerte Wiederbelebung erfahren hat. Seit damals wurden in einer Zeitspanne von etwa einer Generation große Anstrengungen unternommen, die zerstörten Institute wieder aufzubauen, die Universitäten zu erweitern und Gesellschaften und Vereinigungen zur Förderung des wissenschaftlichen Fortschritts neu zu beleben. Von außen her betrachtet kann es keinen Zweifel geben, daß diese Bemühungen Frucht getragen haben. Die hervorragend ausgestatteten Forschungslaboratorien, die neuen Hörsäle, Forschungsschiffe und astronomischen Observatorien, sie alle zeugen von den riesigen Geldsummen, die für diesen Wiederaufbau der Wissenschaft aufgewendet wurden.

Besonders beeindruckend sind die Großforschungseinrichtungen, die das deutsche Atomforschungsprogramm einschließen, das nun ebenso aktiv durchgeführt wird wie in anderen Ländern. Seine Geschichte wurde 1975 von Winnacker und Wirtz [51] beschrieben. Aber hat die Wissenschaft in Deutschland wieder die führende Stellung zurückgewonnen, die sie 1933 innehatte, bevor der Wahnsinn der Nationalsozialisten und dessen Folge, der Zweite Weltkrieg, sie in den Staub getreten hat? Und, allgemeiner, welche Maßstäbe soll man anlegen, um solch eine Frage zu beantworten? Wir wollen zunächst ein Maß benutzen, das oft als das höchste betrachtet wird, nämlich die Zahl der Nobelpreise, die an deutsche Wissenschaftler verliehen wurden.

Nobelpreise

Nach Julius Speer (Präsident der Deutschen Forschungsgemeinschaft von 1964 bis 1973) sollten Nobelpreis-Verleihungen nicht als ein absoluter Standard gelten und nicht zu einem internationalen Wettbewerb zwischen Ländern führen, wie etwa die Olympischen Spiele [52]. Dennoch kann die-

Abb. 34. Julius Speer. [Photo DFG, Bonn.]

sen Preisen ein gewisser relativer Wert bei der Beurteilung der Stellung, die ein Land in der Forschung einnimmt, nicht abgesprochen werden. Von 1901 bis 1976 haben 15 deutsche Physiker (14,8%), 24 Chemiker (27,6%) und 12 Physiologen oder Mediziner (10,4%) den Nobelpreis erhalten, das heißt die Chemiker lagen über und die Physiologen oder Mediziner weit unter dem Durchschnitt.

Zeitlich gesehen ergibt die Statistik, daß seit den 20er Jahren die Wissenschaft in Deutschland einen merklichen Abstieg erlitten hat, besonders im Vergleich mit den Vereinigten Staaten. Auch ein Vergleich mit Großbritannien fällt für Deutschland nicht vorteilhaft aus: Zwischen 1945 und 1974, der Zeitspanne, die hier besonders interessiert, erhielten 9 englische Physiker und 4 deutsche, 13 englische Chemiker und 7 deutsche und 9 englische Physiologen oder Mediziner und nur 3 deutsche den Nobelpreis. Man kann natürlich einwenden, daß eben diese Zeit (1945 bis 1975) die Zeit der Wiederbelebung war, daß deshalb ein internationaler Vergleich verfrüht sei und ein gerechteres Bild bei Betrachtung der Zeitspanne von 1975 bis 2005 entstehen würde. Das haben wir noch abzuwarten.

Wie man in Deutschland die Nobelpreise bewertet, zeigte A. Hermann [53] in einer Veröffentlichung von 1968, aus der sich kein günstiges Bild für Deutschland ergab. In ähnlichem Sinne äußerte sich Professor Peter Sitte (Universität Freiburg) in einem allgemeinen Überblick über den Stand der Biologie an deutschen Universitäten [54] zur Abnahme der Nobelpreise in Deutschland: Zwischen 1901 und 1910 betrug der prozentuale Anteil Deutschlands an den Nobelpreisen 37%, zwischen 1940 und 1950 noch 20%, und bis 1969 war er auf etwa 8% abgesunken. Bei der Gegenüberstellung dieser Zahlen mit denen für Großbritannien ergab sich, daß Großbritannien von 14,3% zu Beginn dieses Jahrhunderts bis 1969 auf 35,5% angestiegen ist und die Vereinigten Staaten von 2% zu Anfang auf ein Kontingent von 48% im Jahre 1969. Welche Berechnung man auch immer verwendet, so scheint es sicher, daß die veränderten Verhältniszahlen der Nobelpreisträger seit der ersten Verleihung im Jahr 1901, wenn man sie über solch einen langen Zeitraum betrachtet, nur für einen relativen Niedergang der Wissenschaft in Deutschland sprechen.

Nobelpreisträgertagungen in Lindau

Nach 1945 hatten die Wissenschaftler in Deutschland nicht nur mit den Bedürfnissen des täglichen Lebens und den außerordentlichen Schwierigkei-

Abb. 35. Nobelpreisträger in Lindau 1955. Hans von Euler-Chelpin, Stockholm, Hans Hermann Müller, Basel, Gerhard Domagk, Wuppertal-Elberfeld. [Photo H. Rotta, Stuttgart.]

Abb. 36. Otto Hahn, Göttingen, James Franck, Chicago, in Lin 1962. [Photo H. Rotta, Stuttga

ten beim Wiederbeginn ihrer wissenschaftlichen Forschung zu kämpfen, sondern sie fühlten sich auch völlig isoliert von ihren Kollegen in anderen Ländern. Seit der Machtergreifung der Nazionalsozialisten 1933 hatte keine echte wirklich internationale wissenschaftliche Tagung in Deutschland stattgefunden. Weder die Politiker noch die breite Öffentlichkeit achteten die Wissenschaft, und die wenigen deutschen Nobelpreisträger gingen ohne besondere Anerkennung ihren Forschungen und Lehraufgaben nach.

Da kamen zwei Ärzte in der alten Stadt Lindau im Bodensee auf die Idee, daß eine Zusammenkunft von Nobelpreisträgern eine Brücke bilden könnte, die es der sich langsam erholenden Wissenschaft in Deutschland ermöglichen würde, bedeutende Kollegen aus anderen Ländern zu treffen. Die beiden Begründer waren Dr. F. K. Hein, ein Lindauer Stadtrat, und Professor Gustav Parade (früher Universität Innsbruck). Ohne die begeisterte Unterstützung des Grafen Lennart Bernadotte, Mitglied des schwedischen Königshauses und Besitzer der ebenfalls im Bodensee gelegenen Insel Mainau, wäre diese Tagung wohl nie zustande gekommen. Im Jahr 1951 kamen sieben Nobelpreisträger zu der ersten Tagung nach Lindau: Henrik Dam aus Dänemark, Paul Hermann Müller aus der Schweiz, William P. Murphy aus den USA und Hans von Euler-Chelpin aus Stockholm sowie Adolf Butenandt (München), Gerhard Domagk (Wuppertal-Elberfeld) und Otto Warburg (Berlin). Seit dieser Zeit findet regelmäßig jedes Jahr in Lindau eine Tagung der Nobelpreisträger statt, wobei in dreijährigem Turnus abwechselnd die Preisträger für Physik, Chemie und Medizin zusammenkommen. Alle Nobelpreisträger des speziellen Gebietes werden eingeladen und ihre Reisekosten teilweise erstattet. Viele haben in den letzten drei Jahrzehnten die Einladung angenommen und während ihres fünftägigen Aufenthaltes in Lindau Vorträge über Themen eigener Wahl gehalten, aus ihrem eigenen Spezialgebiet, über Fortschritte in ihrer Disziplin und auch über philosophische Fragen. Die finanzielle Unterstützung kommt vorwiegend aus Deutschland, von den Bundesministerien, der Industrie und Einzelpersonen; aber auch französische, britische, schweizerische und amerikanische Gruppen haben großzügige Beiträge geleistet.

In den letzten Jahren wurde nicht selten Kritik an diesen Tagungen geübt mit dem Einwand, daß die Wissenschaft in Deutschland wieder internationale Anerkennung gefunden habe und einer so kostspieligen „Werbeaktion“ nicht mehr bedürfe; außerdem brächten nur wenige Vor-

Abb. 37. Nobelpreisträger in Lindau 1964. Werner Heisenberg, München, Linus Pauling, Menlo Park/USA, Max Born, Bad Pyrmont. [Photo H. Rotta, Stuttgart.]

träge etwas Neues. Hat man aber einmal diese Tagung besucht, oder gar mehrere Male, dann kann man solchen Kommentaren kaum zustimmen. Schon einfach ein Blick auf das Publikum, das sich vor allem aus jungen Studenten zusammensetzt, sollte jeden Kritiker davon überzeugen, daß die heutige Funktion des Treffens, Studenten in Kontakt mit den Trägern der höchsten Auszeichnung auf ihrem Gebiet zu bringen, etwas ist, das man begrüßen und fördern sollte, selbst wenn der ursprüngliche Zweck nicht mehr angestrebt werden muß. Über die Lindauer Tagungen (bis 1975) hat Alexander Dées de Sterio ausführlich berichtet [46], ferner Hans Rotta in der Deutschen Apotheker Zeitung und zusammen mit Roswitha Schmid in der Naturwissenschaftlichen Rundschau [72]. In dieser Zeitschrift sind viele der Vorträge der Nobelpreisträger in deutscher Sprache erschienen, zusammengefaßt 1981 in der „Nobelpreisträger Rundschau" [73].

Wissenschaftliche Literatur

Oft wird auch vorgebracht, die Zahl der Publikationen als Maß-Standard für die internationale Stellung eines Landes im Gebiet der Wissenschaft einzusetzen. Eine derartige Analyse wurde möglich, als Eugene Garfield 1961 in Philadelphia das Institute for Scientific Information gründete, das seitdem Veröffentlichungen und Computeranalysen verbreitet. Garfield [55] analysierte zwar 1976 speziell die französische wissenschaftliche Literatur, doch läßt sich seine Veröffentlichung in *Nature* (1976) „Significant Journals of Science" (bedeutende wissenschaftliche Zeitschriften) heranziehen, wenn man seinen Zitate-Index als Maß für die Stellung der deutschen wissenschaftlichen Literatur in der Welt verwenden möchte. Die Ergebnisse, die auf über 5 Millionen Zitaten in den Quellenangaben von Zeitschriftenartikeln, die im *Science Citation Index* 1974 aufgeführt sind, beruhen, sind wenig erfreulich für den deutschen Leser. Garfields Liste erfaßt 206 in der Welt führende naturwissenschaftliche und medizinische Zeitschriften, in absteigender Reihenfolge geordnet nach der Anzahl der insgesamt im Jahr 1974 enthaltenen Zitate, wobei die Position von 1969 in Klammern angegeben ist. An erster Stelle (1) stand das *Journal of the American Chemical Society* mit 98998 Zitaten; die erste nichtamerikanische Zeitschrift war *Nature* (London) in Stellung 4 (5) mit 75206 Zitaten; die meistzitierte französische Zeitschrift war *Comptes Rendus de l'Académie des Sciences* in Stellung 33 (13) mit 15782 Zitaten; die erste deutsche Zeitschrift in der Tabelle war die *Angewandte Chemie,* Stellung 55 (48) mit 10756 Zitaten, hier gefolgt von allen anderen deutschen Zeitschriften: *Zeitschrift für Naturforschung,* Stellung 82 (61) mit 7860 Zitaten; *Zeitschrift für Physik,* Stellung 96 (73), 6662 Zitate; *Annalen der Chemie* (Justus Liebig), Stellung 101 (66), 6177 Zitate; *Zeitschrift für anorganische und angewandte Chemie,* Stellung 142 (127), mit 4704 Zitaten; *Hoppe-Seyler's Zeitschrift für physiologische Chemie,* Stellung 146 (133) mit 4604 Zitaten; *Annalen der Physik,* Stellung 161 (139) mit 4347 Zitaten; *Pflügers Archiv,* Stellung 165 (147) mit 4253 Zitaten; *Deutsche Medizinische Wochenschrift,* Stellung 179 (157) mit 4003 Zitaten und *Arzneimittelforschung,* Stellung 205 (196) mit 3561 Zitaten.

Jede dieser zehn deutschen Zeitschriften (und nur diese oben genannten zehn befanden sich unter den 206 meistzitierten Zeitschriften in der wissenschaftlichen Literatur der Welt) hat in der Tabelle von 1974 gegenüber 1969 an Rang verloren; ferner sollte man auch das Übergewicht der

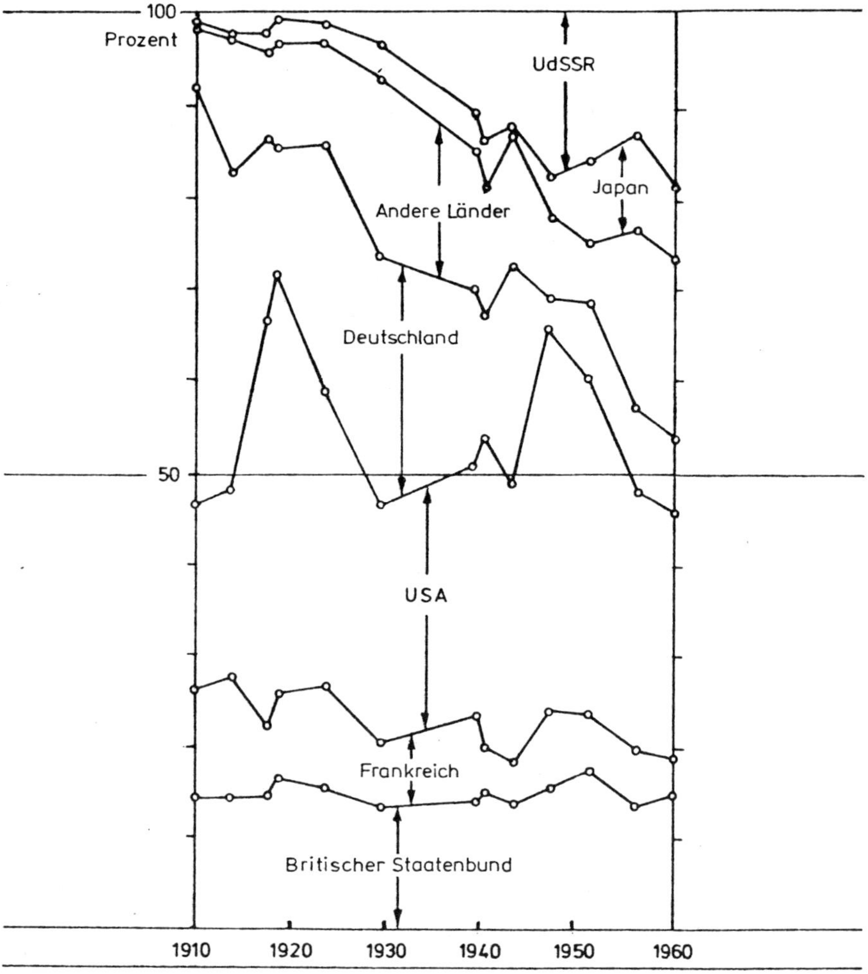

Abb. 38. An- und Abstieg der wissenschaftlichen Literatur. Prozentzahl von Publikationen in Chemical Abstracts von 1910 bis 1960. „Deutschland ist auf ein Fünftel seiner ursprünglichen Größe geschrumpft", kommentiert Prof. Derek de Sola Price in seinem Buch „Little Science, Big Science" (Columbia University Press. New York 1963).

chemischen Zeitschriften als bemerkenswert beachten. Es ist anzunehmen, daß Garfield auch historische Forschung betreiben und seinen *Citation Index* zeitlich zurückversetzt erstellen kann, vielleicht bis in das Jahr 1930; in solch einer Liste wird die Position der deutschen Zeitschriften eine andere sein.

Ausländische Besucher

Als weiteres Maß für Standard und Ansehen läßt sich auch die Zahl der ausländischen Besucher an wissenschaftlichen Instituten verwenden. Beyerchen [3] benützte diesen Indikator für seine Betrachtungen über die internationale Isolierung Deutschlands in den Jahren 1929 bis 1939. Als Testobjekt wählte er das Harnack-Gästehaus der Kaiser-Wilhelm-Gesellschaft in Berlin-Dahlem, das jährlich etwa 250 Besucher beherbergte. Das Ergebnis der Studie war eine Abnahme des Anteils ausländischer Wissenschaftler von 68% im Jahr 1929/30 auf 46% im Jahr 1938/39 und insbesondere eine Abnahme der Amerikaner von 28% auf 7% im Jahr 1937/38; für 1938/39 gibt es für Amerikaner keine Zahlenangaben mehr. Außerdem ergaben sich zunehmend Veränderungen bei den Nationalitäten der Besucher. Daß 1979 an den Max-Planck-Instituten wieder 1250 Gastwissenschaftler arbeiteten, wurde bereits erwähnt.

Alexander von Humboldt Stiftung

Die in den Jahresberichten der Alexander von Humboldt Stiftung veröffentlichten Statistiken sind ein eindrucksvoller Beweis für die Tatsache, daß Deutschland wieder zu einem Land geworden ist, das junge und hochqualifizierte Wissenschaftler aus dem Ausland anzieht. Die heutige Humboldt-Stiftung ist die dritte dieses Namens: Die erste wurde 1860, ein Jahr nach dem Tode Alexander von Humboldts, gegründet; ihre erklärten Ziele waren die Förderung von Forschung und Forschungsreisen. Diese Stiftung existierte bis 1923, als sie in der Inflation ihr Kapital verlor; übrigens stammte ein Teil ihres Anfangskapitals von der Royal Society in London und von der Akademie der Wissenschaften in St. Petersburg. Die zweite Stiftung existierte von 1925 bis 1945, und die heutige, die dritte, wurde 1953 von der Bundesregierung errichtet, die auch fast die gesamte Finanzierung übernommen hat.

Die Geldmittel der Stiftung stiegen von 1,66 Millionen DM im Jahr 1960 auf 10,7 Millionen im Jahr 1971 und auf 31,3 Millionen im Jahr 1980. Die Zahl der Stipendien aber nahm nicht im gleichen Maße zu: 243 im Jahr 1960, 759 im Jahr 1971 und 1305 im Jahr 1980. Jedoch die monatlichen Zahlungen für die Stipendien wurden von 600 DM im Jahr 1960 auf 2100 DM im Jahr 1970 und auf 3940 DM im Jahr 1980 erhöht. Das ermöglichte es den Stipendiaten, ihre Familien mitzunehmen. Ebenso interessant ist die Veränderung hinsichtlich der Länder, aus denen die Stipendiaten nach Deutschland kommen: 1960 waren die ersten vier überseeischen Länder Japan, Indien, Argentinien und Thailand, während 1980 die Vereinigten Staaten, Japan, Indien und die Volksrepublik China an erster Stelle standen. Bei den europäischen Ländern war die Veränderung noch eindrucksvoller: 1960 waren die ersten vier Griechenland, Spanien, die Türkei und Jugoslawien, 1980 Polen, die Türkei, Großbritannien und Italien.

Bei der Analyse dieser Daten im Hinblick auf Deutschlands Anziehungskraft für ausländische Wissenschaftler muß man auch die Zahl der erfolglosen Bewerbungen betrachten. Während der Periode 1971 bis 1980

Abb. 39. Der erste Präsident der 1953 in Bonn wiedererrichteten Alexander von Humboldt Stiftung war Werner Heisenberg. 1975 hat Feodor Lynen (links) das Amt des Präsidenten der Stiftung übernommen. Nobelpreisträgertagung in Lindau 1968. [Photo Dr. R. Schmid, München.]

variierte diese zwischen 42,6% und 29,2%, mit einem Mittelwert für das Jahrzehnt von 34,3%. Man kann daraus nur schließen, daß die Stiftung, die stolz den Namen Alexander von Humboldts trägt, den Geist dieses großen deutschen Gelehrten wohl bewahrt hat. Durch ihre Politik einer Elite-Auswahl, für die sie länger als ein Jahrhundert bekannt war, hat die Stiftung Deutschland wieder zu einem anziehenden Land für die besten ausländischen Gelehrten gemacht.

Die Förderung deutscher Wissenschaftler erfolgt durch das „Feodor-Lynen-Programm," das 1979 aufgebaut wurde, um promovierten deutschen Wissenschaftlern im Alter bis zu 38 Jahren langfristige Forschungsaufenthalte (1 bis 4 Jahre) im Ausland zu ermöglichen. Den Namen erhielt das Programm zum Gedenken an den ehemaligen Präsidenten der AvH, Feodor Lynen (gest. 1979). Sein Nachfolger (und derzeitiger Präsident) wurde der Physiker Wolfgang Paul. Langjähriger Generalsekretär der Stiftung ist Heinrich Pfeiffer. (Die Jahresberichte der Stiftung können bei der Alexander von Humboldt Stiftung, Jean-Paul-Straße 12, 5300 Bonn 2, angefordert werden.)

Die Verluste

Die wissenschaftliche Forschung wird getragen von Männern und Frauen, die in jungen Jahren beschließen, ihr Leben einem Beruf hinzugeben, der ihnen zwar keine großen materiellen Gewinne, wohl aber intellektuelle Anreize verspricht und, falls sie Erfolg haben, die innere Befriedigung, zum Fortschritt der Wissenschaft und ihres Ideals beigetragen zu haben. Daß Deutschland, als direkte Folge von Hitlers Drittem Reich, so viele dieser idealistischen Menschen unersetzbar verloren hat, ist ohne Zweifel der größte Verlust. Durch die antisemitischen Gesetze vertrieb Deutschland nicht nur bereits etablierte Wissenschaftler aus ihrer Heimat, sondern in vielen Fällen auch ihre begabten Kinder und Kindeskinder. Ebenso groß war der Verlust derer, die getötet wurden in dem sinnlosen Eroberungskrieg, der so oft verharmlosend Zweiter Weltkrieg genannt wird; auch diese Menschen, die oft die Besten waren, lassen sich nicht ersetzen; es wird mehr als eine Generation brauchen, um wiederzugewinnen, was so sinnlos verschwendet wurde.

Als weiterer großer Verlust ist der Verlust der deutschen Sprache als Sprache der Wissenschaft zu betrachten. Bis 1933 kamen viele junge Europäer und Amerikaner nach Deutschland, um zu studieren und Deutsch zu lernen, um später in ihrem Berufsleben die Forschungsergebnisse in der deutschen natur- und geisteswissenschaftlichen Literatur verfolgen zu können. Dieser ebenfalls völlig unwiderrufliche Verlust läßt sich vielleicht am besten daran demonstrieren, daß der Springer-Verlag [56], der größte der deutschen wissenschaftlichen Verlage, heute drei Viertel seiner Bücher und Zeitschriften in englischer Sprache herausbringt. Dazu bedarf es noch einer weiteren Anmerkung: Ein deutscher Professor braucht drei Tage zur Vorbereitung einer Vorlesung in deutscher Sprache, aber drei Wochen, um einen englischen Vortrag vorzubereiten.

Daß die Vorrangstellung der deutschen Universitäten in den letzten Jahrzehnten so stark zurückging, ist die direkte Folge des erstgenannten Verlustes: Den Universitäten fehlen die großen Lehrer, die im Krieg getötet oder aus ihrer Heimat vertrieben wurden. Ihr Vorbild und ihr Idealismus hätte vielleicht die Studentenrevolte der späten 60er Jahre verhindert, doch mag dies ein strittiger Punkt sein. Der allgemeine materialistische Geist, der sich in Deutschland seit dem Zweiten Weltkrieg verbreitet hat, machte sich auch bei den Studenten bemerkbar; so soll es vorgekommen sein, daß Frauen vielversprechende junge Männer davon abgehalten haben, eine wissenschaftliche Karriere einzuschlagen, weil sie befürchteten, daß sie nur einen winzigen Teil ihrer freien Zeit ihren Familien widmen könnten. Jeder aber, der die wissenschaftliche Spitze erreichen will, muß dazu bereit sein, sich der Wissenschaft ohne Vorbehalte hinzugeben, wie es Sir Hans Krebs [28] so deutlich ausdrückte.

Der wahrhaft beklagenswerte Zustand der biologischen Wissenschaften an den deutschen Universitäten gegen Ende der 60er Jahre wurde von Marie Luise Zarnitz [70] beschrieben. Sie verglich diese Hochschulinstitute mit den entsprechenden Instituten der Max-Planck-Gesellschaft und kam zu dem traurigen Ergebnis: Stagnation, große Finanzierungslücken und eine überwältigende Arbeitslast auf den Schultern der Universitätsprofessoren, zum großen Teil aufgrund von Verwaltungstätigkeit. Die biologischen Institute der Max-Planck-Gesellschaft hatten doppelt so viel Geld für laufende Ausgaben und zehnmal so viel für die wichtigste Ausrüstung, ganz abgesehen von der Tatsache, daß die meisten Forscher an diesen Instituten völlig frei von Lehrverpflichtungen waren. In ihrem Überblick betonte Zarnitz die interdisziplinäre Natur der Molekularbiologie, der Protein- und Virusforschung, der Mikrobiologie, Genetik und Immunologie, und empfahl eine gründliche Reform der biologischen Abteilungen an den Universitäten, eine verbesserte Finanzierung der Forschungsprojekte und interdisziplinäre Lehrveranstaltungen für junge Forscher. Sicherlich wurden einige von Zarnitz' hervorragenden detaillierten Vorschlägen inzwischen verwirklicht; ihre grundlegenden Richtlinien für die Zukunft der biologischen Forschung verdienen aber heute ebenso viel Beachtung, wie zu der Zeit, als sie für die Stiftung Volkswagenwerk zum ersten Mal (1968) veröffentlicht wurden.

Auch Peter Sitte [54] hat in seinem kritischen Überblick über die Situation der Biologie an deutschen Universitäten einige harte Worte geäußert. Nur außergewöhnliche, international anerkannte und zitierte Forschungsergebnisse können den Standard der wissenschaftlichen Forschung an den Universitäten wieder anheben. Dies ist seiner Meinung nach nur in der Biochemie, Kybernetik und Verhaltensforschung der Fall, hingegen nicht in seinem eigenen Spezialgebiet, der Zellbiologie, wo die deutschen Forschungsergebnisse kaum mit denen aus der Schweiz und den Niederlanden vergleichbar wären. Wie Krebs vertritt auch Sitte die Ansicht, daß ein Forscher seine ganze Seele der Forschung hingeben müsse, und daß jeder, der nicht wenigstens die Hälfte seiner Zeit der Forschung widmen könne, sie lieber ganz aufgeben sollte.

Nicht nur die Biologie, sondern auch andere wissenschaftliche Fachgebiete wurden kritisiert. Nords *„Vademecum"* [44] führt auf 14 Seiten etwa 1000 Professoren der Mathematik an verschiedenen deutschen Instituten und Universitäten auf. Kürzlich hat jedoch die Max-Planck-Gesellschaft beschlossen, ein neues Max-Planck-Institut für Mathematik an der Universität Bonn zu gründen (Direktor Friedrich Hirzebruch), um für dieses Fachgebiet das frühere internationale Ansehen zurückzugewinnen. Die Eröffnung dieses Instituts in Bonn-Beuel fand Ende Juni 1982 statt.

Noch häufiger wird jedoch der Mangel an klinischer Forschung in Deutschland beklagt sowie die Tatsache, daß es in der Medizin weder im Studium noch in der Forschung eine Angleichung an andere Fächer gibt. Während die Virologie und die Molekularbiologie erheblich erweitert wurden, hat man die Bakteriologie und die klinische Forschung vernachlässigt. Eine von der Max-Planck-Gesellschaft eingesetzte Expertenkommission machte den Vorschlag, als Abhilfe dem Beispiel des britischen Medizinischen Forschungsrates zu folgen und Forschungseinheiten jeweils für einen begrenzten Zeitraum von fünf Jahren einzurichten. Als Schwerpunkte nannte man Forschungen über Fortpflanzungsmedizin, menschliches Blut, Thrombose und Multiple Sklerose. W. Gerok [57] begründete 1979 im einzelnen, warum die klinische Forschung verbessert werden muß. Die Situation der Medizin in Deutschland ist besonders schlecht, trotz der Tatsache, daß pro Kopf mehr für die Gesundheit ausgegeben wird als in jedem anderen Land der Europäischen Gemeinschaft (Shrank 1980 [58]).

Die Gewinne

Niemand würde je behaupten, daß das Dritte Reich und der Zweite Weltkrieg irgendwelche greifbaren oder langdauernden Vorteile für Deutschland gebracht hätten. Aber der völlige Neuaufbau eines großen Teils Europas, die Etablierung einer freien und demokratischen Gesellschaft und die Wiederbelebung der Wissenschaft haben unausweichlich Veränderungen mit sich gebracht, die im Vergleich zu den Tagen der Weimarer Republik nur positiv gesehen werden können. Obwohl die Wissenschaft in Deutschland noch nicht das außerordentlich hohe Niveau der Jahre vor 1933 wieder erreicht hat, kann man sagen, daß die Leistungen in vielen Disziplinen heute völlig vergleichbar sind mit jenen in anderen Ländern Europas und den Vereinigten Staaten. Natürlich liegen noch einige Gebiete unter dem Durchschnitt und andere darüber, genau wie es auch zum Beispiel in Großbritannien oder in Frankreich der Fall ist.

Das tiefe Leid, das alle Deutschen traf, hat ihren Stolz und ihre Arroganz stark gedämpft und sie zu einem der besten Mitglieder der Europäischen Gemeinschaft gemacht. Daß der enge persönliche Kontakt zu Mitgliedern der Besatzungsmächte für viele Wissenschaftler von anhaltendem Vorteil war, haben wir gesehen; solche Beziehungen haben auch zu einer großartigen internationalen Zusammenarbeit in der Forschung geführt. Von ebenso großer Bedeutung ist die Tatsache, daß es der Deutschen Forschungsgemeinschaft, der Max-Planck-Gesellschaft, der Alexander von Humboldt Stiftung und anderen wissenschaftlichen Institutionen gelungen ist, jegliche Einflußnahme von seiten der Regierung fernzuhalten, obwohl sie alle finanziell sowohl von der Bundesregierung als auch von den Länderregierungen abhängig sind. Natürlich ist dies nur selbstverständlich in einem demokratischen Staat. Das nächste Ziel sollte eine Reduzierung der übertriebenen Verwaltung und Bürokratie sein.

Von allen wissenschaftlichen Disziplinen ist die Chemie wohl das Fachgebiet, in dem das Niveau von vor 1933 wiedererlangt, wenn nicht gar überschritten wurde, sowohl in der reinen Forschung als auch in ihrer industriellen Anwendung. Ein herausragendes Beispiel dafür ist die Hochdruck-Temperatur-Technologie. Es war Carl Bosch (Nobelpreis 1931), der dieses Verfahren ausgestaltete zur großtechnischen Durchführung der Ammoniaksynthese aus Wasserstoff und Luftstickstoff, jene Synthese, deren wissenschaftliche Grundlage Fritz Haber (Nobelpreis 1918) geschaffen hat. Die gleichen chemischen Verfahren wurden 1930 von Friedrich Bergius (Nobelpreis 1931) für die Kohlehydrierung patentiert, um erdölartige Kohlenwasserstoffe zu erzeugen. Diese „Kohleverflüssigung" war während des Zweiten Weltkrieges von größter militärischer Bedeutung für Deutschland, geriet aber kurz danach wieder in Vergessenheit, als Öl billig und reichlich vorhanden war. (Wie Deutschland heute das Problem der Energiekrise zu lösen versucht, wurde von Hargrave dargestellt [71].)

Erst neuerdings, in den 70er und 80er Jahren, kommt man - auf internationaler Ebene - wieder zurück auf die Bergius-Hydrierung und ihre vielen modernen Abwandlungen: Zuerst in Südafrika in den Sasol-Werken, dann in den Vereinigten Staaten und auch in Australien verbreiteten deutsche Chemie-Ingenieure ihr Know-how auf einem Gebiet von ständig wachsender wirtschaftlicher und politischer Bedeutung. Die Wiederbelebung und Erweiterung dieser außerordentlich komplexen chemischen Hochdruck-Hochtemperatur (HPHT)-Technik auf das Gebiet der Kohle-zu-Öl-Umwandlung wird wahrscheinlich einen ebenso tiefen Einfluß haben, wie einst die Ammoniaksynthese weltweit auf die Landwirtschaft. Ohne die mit Hilfe der Ammoniaksynthese gewonnenen Düngemittel wären Unterernährung und Hunger in der Welt noch unendlich viel größer. Wenn die Kohle-zu-Öl-Synthese die gleiche universelle Anwendung erreicht hat, mag sie sich durchaus als Deutschlands zweiter größter Beitrag zum friedlichen Fortschritt der Menschheit erweisen.

Die Lektionen: I. Politik und Wissenschaft

Es gibt einen weiteren, noch wichtigeren Aspekt bei der Wiederbelebung der Wissenschaft in Deutschland, nämlich die Beziehung der Wissenschaft zur Politik und zu der gesellschaftlichen Verantwortung der Wissenschaftler für die Zukunft Deutschlands, Europas und der Welt. Daß sich die maßgebenden Wissenschaftler dieser neuen Verantwortung voll bewußt sind (im Gegensatz zu ihren Vorgängern in den 20er und 30er Jahren) ist wohl der größte Fortschritt in dem hier behandelten Zeitraum. Ein Vergleich mit den 30er Jahren ist allerdings schwierig, da man damals kaum über die Beziehungen zwischen Wissenschaft und Politik nachgedacht hat. Bei der Feier zum 100. Geburtstag von Albert Einstein, Otto Hahn, Lise Meitner und Max von Laue am 1. März 1979 in Berlin wies der damalige Bundespräsident Walter Scheel [59] darauf hin, daß es den großen Wissenschaftlern der 20er und 30er Jahre an jedem politischem Denken fehlte. Albert Einstein war die einzige Ausnahme; seine Opposition während des Ersten Weltkrieges bewies sein Verstehen der Beziehung zwischen der Freiheit der Wissenschaft und der Welt der Politik.

Vor 1933 genossen die Wissenschaftler in Deutschland höchstes Ansehen, und der Staat war stolz auf seine berühmten Wissenschaftler. Damals war Deutsch noch die Sprache der Wissenschaften, wenn auch nicht in allen geisteswissenschaftlichen Disziplinen. Scheel warf die Frage auf, warum diese hohe Achtung vor der Wissenschaft nicht als politische Waffe im Widerstand gegen den Nationalsozialismus eingesetzt worden ist, als zuerst Einstein und dann viele andere in beschämender Weise verfolgt und später ausgestoßen wurden. Einsteins grundlegende Philosophie war, daß es Freiheit der Wissenschaft nur in einer wirklich freien Gesellschaft geben könne, ein Standpunkt, der damals aber nicht von vielen geteilt wurde, auch nicht von Hahn, Meitner und von Laue. Sie waren zwar große Wissenschaftler, aber um Politik kümmerten sie sich nicht. Ohne Zweifel waren sie aber überzeugte Patrioten, und das bedeutete - zumindest anfänglich - auch Zustimmung zu allem, was der Staat tat. Der Wissenschaft zu dienen und nach der Wahrheit zu suchen, das war ihr einziger Wunsch, und da der Staat, durch die Kaiser-Wilhelm-Gesellschaft, alle Voraussetzungen für diese Tätigkeiten schuf, waren sie bereit, loyal zu ihm zu stehen, ohne Fragen zu stellen. Diese „goldene Unschuld", wie Scheel es nannte, hat es natürlich in der westlichen wissenschaftlichen Gesellschaft seit Jahrzehnten gegeben, und man findet sie auch heute noch bei vielen Wissenschaftlern. In Deutschland aber war sie auch besonders ausgeprägt, wo Wissenschaftler zum „Geheimrat" erhoben wurden, von Kaiser Wilhelm hohe Orden und Auszeichnungen erhielten und die gesellschaftliche Stellung eines Professors höher war als irgendwo sonst in der Welt. Der deutsche Staat, ob vor dem Ersten Weltkrieg oder in der Weimarer Republik, hat sich niemals in wissenschaftliche Fragen eingemischt, und als Gegenleistung stellten die Wissenschaftler niemals die Aktionen des Staates in Frage. Die unbestrittene vorbehaltlose Zusammenarbeit der

Wissenschaftler mit dem Militär im Ersten Weltkrieg, die im Zweiten Weltkrieg nicht annähernd so intensiv war, beweist diese Tatsache.

Otto Hahn arbeitete mit Fritz Haber während des Ersten Weltkrieges an Giftgas-Kriegsführung, mit der Illusion, daß diese Waffe den Krieg abkürzen und damit Tausende von Menschenleben retten würde. Es steht uns allerdings nicht zu, diese Philosophie als fragwürdig anzukreiden, denn der Einsatz der Atombombe während des Zweiten Weltkrieges wurde mit dem gleichen Argument gerechtfertigt.

Die Erfahrungen des Ersten Weltkrieges haben nicht zu einer tieferen Einsicht in die Beziehungen zwischen der Wissenschaft und der Politik geführt, und nach 1918 folgte dann auch der unvermeidliche Rückzug zu den guten alten Tagen der völligen Hingabe an die reine und unpolitische Wissenschaft. Einstein wurde, weil er Pazifist und Jude war, schon bevor die Nationalsozialisten an die Macht kamen, angegriffen (und erstaunlicherweise erneut 1981 von Unsöld [60]). Max von Laue verteidigte ihn standhaft, und Max Plancks Standpunkt nach Hitlers Machtergreifung 1933 zeigt sein berühmter Ausspruch: „Der Nationalsozialismus ist wie ein Sturm, der über unser Land braust. Wir können nichts tun als uns beugen, wie die Bäume im Wind." Diese Gefühle wurden von vielen geteilt, aber nur sehr wenige sahen voraus, wie heftig und langdauernd der Sturm das Land verwüsten würde. Doch alle drei, Max Planck, Otto Hahn und Max von Laue leisteten dem Nationalsozialismus auf eigene Art und Weise

Abb. 40. Max von Laue (1879–1960) in Lindau 1959.

Widerstand. So weigerte sich zum Beispiel von Laue, der SA beizutreten, und berühmt ist Max Plancks Gespräch mit Hitler, in dem er sich für Fritz Haber einsetzte, was dann so schreckliche Konsequenzen für seinen Sohn hatte. Von dieser Art Handlungen wurde damals nichts bekannt, weder in Deutschland noch im Ausland.

Eine weitere Frage ergibt sich aus dieser allgemeinen Betrachtung des apolitischen Verhaltens der Mehrheit der deutschen Wissenschaftler: Warum hat Einstein, der große Pazifist, in seinem Brief an Roosevelt 1939 zum Bau der Atombombe gedrängt? Vielleicht kannte Einstein besser als sonst jemand die überragenden Fähigkeiten seiner deutschen Kollegen, deren Arbeiten zur ersten Atomspaltung des Urans geführt hatten. Er erkannte auch den übermächtigen politischen Willen Hitlers, und es erschien ihm und einigen seiner engen Freunde in Amerika selbstverständlich, daß Hitler zweifellos eine Atombombe herstellen lassen würde, sobald er überzeugt war, daß sich mit ihrer Hilfe der Krieg gewinnen ließe. Warum dies nicht geschah, hat Irving [10] im Rahmen seiner Beschreibung der Atomforschung in Deutschland bis 1945 zu analysieren versucht.

Nach 1945 gab es keinen Weg zurück zu der guten alten Zeit - zu tief war die Erschütterung über das Erlebte. Zunächst dachte niemand an Politik, weder Parteipolitik noch an internationale Verantwortung; das ist kaum verwunderlich, denn es gab ja kein Parlament vor 1949, und Auslandsbeziehungen wurden durch das Vorhandensein der Besatzungsmächte verhindert. Dann kam mit dem Marshallplan der Wohlstand, aber auch der Kalte Krieg. Dieser versetzte die junge Bundesrepublik und besonders Berlin (das 1949 durch eine Luftbrücke versorgt werden mußte) wieder einmal an die Front der Ost-West-Konfrontation. Es ist ganz undenkbar, daß jetzt die Wissenschaftler sich nicht der möglichen Folgen dieser Ereignisse bewußt werden und darüber, welche Rolle die Wissenschaft in einem Dritten, möglicherweise atomaren Weltkrieg spielen würde.

Im Jahr 1955 trat die Bundesrepublik der NATO bei, und 1960 war sie weltweit gesehen bereits an fünfter Stelle, was die Aufwendungen für militärische Forschung und Entwicklung betrifft [61]. Diese Ausgaben steigerten sich in den 60er Jahren um etwa das 4,25fache, so daß sie im Jahr 1970 etwa 330 Millionen DM erreicht hatten, das sind rund 5% des gesamten Militärhaushaltes. Dieser Prozentsatz ist im wesentlichen gleich geblieben, so daß Schätzungen zufolge Deutschlands militärische Forschung und Entwicklung heute etwa 2200 Millionen DM kostet. Bekanntlich gibt es eine starke politische und sogar physische Opposition gegen die Wiederbewaffnung und Wehrpflicht, besonders unter den jungen Männern, die 15 Monate Wehrdienst ableisten müssen. Es ist kaum anzunehmen, daß diese Strömung in der Zukunft abebben wird.

Ähnlich stark äußert sich auch der Widerstand gegen Atomwaffen. Berühmte Beispiele dafür sind die von Max Born initiierte „Mainauer Kundgebung“ vom 15. Juli 1955 (unterzeichnet von 18 Nobelpreisträgern) und die Erklärung der 18 deutschen Atomforscher vom 12. April 1957, die auf Anregung von Max Born und Otto Hahn zustande kam. Aber nicht nur gegen die atomare Rüstung, sondern auch gegen jegliche friedliche Nutzung der Kernkraft wird demonstriert, trotz der sich abzeichnenden Energieverknappung. Wissenschaft, Technik, Fortschritt und Wachstum, alles wird in Frage gestellt und oft völlig abgelehnt von den Studenten, deren Revolte an vielen deutschen Universitäten Ende der 60er Jahre die zweite Kraft war, die von allen Autoritäten, wissenschaftlichen und anderen, ein tiefes Nachdenken über ihre Rolle bei der Führung der jungen Generation verlangte.

Dieses Nachdenken über die Funktionen der Forschung, der Wissenschaft und der Universitäten in ihrer Bedeutung für die heutige und künftige Gesellschaft in Deutschland hat auch wirklich stattgefunden, wie aus den Publikationen eminenter Wissenschaftler hervorgeht: Maier-Leibnitz [62], Lüst [64], Mohr [65], Pestel [63] und Staab [27]. Für jeden, der sich mit der Geschichte der Wissenschaft in Deutschland in diesem Jahrhundert befaßt hat, muß dies eine tiefe Befriedigung sein. Das besorgte Interesse an

Abb. 41. Heinz Maier-Leibnitz, Professor em. für Technische Physik an der Technischen Universität München.

den vielseitigen politischen Aspekten der heutigen Wissenschaft und die häufig positiven Schlußfolgerungen dieser renommierten Wissenschaftler mögen die beste Garantie dafür sein, daß in Deutschland in absehbarer Zukunft nichts dem Nationalsozialismus Vergleichbares vorkommen wird. „Es gibt keinen Weg zurück. Die Zukunft unserer Kultur ist *untrennbar* verknüpft mit der Zukunft der Wissenschaft", sagte Mohr in einer glänzenden Rede im Jahr 1979.

Die Lektionen: II. Für andere Länder

Deutschland war nicht das einzige Land, das seine wissenschaftlichen Institutionen nach 1945 wieder aufbauen mußte. Ganz ähnlich war die Situation in Italien und Japan, das heißt in den Ländern, die im Zweiten Weltkrieg besiegt und zerstört wurden. Auch in der Sowjetunion (obwohl diese zu den Siegern gehörte) waren viele Städte zerstört und unter den Millionen von Toten sicher zahllose vielversprechende junge Wissenschaftler. Ein kritischer Vergleich der Verfahren beim Wiederaufbau dieser Länder liegt bis heute noch nicht vor. Eine direkte Folge des Zweiten Weltkrieges war ferner, daß viele Länder, die vorher Kolonialstatus besaßen, unabhängige Staaten wurden und mit Hilfe ihrer eigenen Wissenschaftler und ausländischen Kollegen neue wissenschaftliche Institutionen gründeten. Auch über diese Aktivitäten gibt es bis jetzt kein allgemeines Nachschlagewerk.

Wenn der Wiederaufbau der Wissenschaft in Deutschland nach 1945 diesen neuen Staaten eine Lehre und Vorbild sein kann, so ist dies schlicht gesagt: exzellente Wissenschaftler, freie und unabhängige wissenschaftliche Institutionen und ein kleiner Anfang in einfachen Laboratorien. Alles übrige wird folgen. Hier ist es vielleicht von Interesse, daran zu erinnern, daß Chaim Weizmann [66] denselben Grundprinzipien folgte. Weizmann war ein angesehener organischer Chemiker, der 1934 ein kleines chemisches Forschungsinstitut in der Wüste in Palästina errichtete. 1949 konnte er als erster Präsident des neuen Staates Israel diese Forschungsstätte als Weizmann-Institut von Rehovot einweihen. Außer auf hervorragende Leistung legte Weizmann besonderen Wert auf häufige Austauschbesuche in beiden Richtungen, um seine Wissenschaftler über den internationalen Fortschritt und den Standard der ausländischen Forschung aufs beste informiert zu halten.

Die Verteilung der Finanzmittel unter den verschiedenen Sektoren der wissenschaftlichen Forschung ist ein weiterer wichtiger Punkt, der sowohl beim Wiederaufbau als auch beim Neuaufbau der Wissenschaft in einem Land zu erwägen ist. In einem Vergleich [67] zwischen der Bundesrepublik Deutschland und anderen europäischen Nationen aus dem Jahr 1976 ergab sich, daß Deutschland 51,5% seiner gesamten Forschungsmittel für die reine Wissenschaft verwendete und nur 11,4% für die Verteidigungsforschung, Großbritannien entsprechend 23,4% beziehungsweise 47,7%, Frankreich 25,3% beziehungsweise 29,5% und die Niederlande 54,3% beziehungsweise 3,2%. Welchem dieser Beispiele gefolgt wird, hängt natürlich vom politischen Willen des jeweiligen Landes ab und davon, ob Frieden oder Kriegsvorbereitungen die Priorität zukommt (siehe Tab. II).

Schließlich wollen wir kurz zu dem so viel diskutierten Thema der außergewöhnlichen Befähigung, der wissenschaftlichen Elite zurückkehren. So befaßte sich Sir Hans Krebs [28] mit der Frage, wie man am besten

Abb. 42. Sir Hans Krebs und Roswitha Schmid, mit der von Richard Scheibe geschaffenen Büste von Otto Warburg. Berlin-Dahlem, März 1979. [Photo H. Rotta, Stuttgart.]

zu höchster Leistung und außergewöhnlicher Qualität in der wissenschaftlichen Forschung kommen kann. In seinem eigenen Falle wurde sein Forscherleben gekrönt mit der Verleihung des Nobelpreises im Jahre 1953. Von größter Wichtigkeit am Anfang einer wissenschaftlichen Laufbahn ist die Arbeit und das Vorbild des Lehrers, seine praktische Einführung in die Forschungsmethoden. Je bedeutender der Lehrer, desto größer ist die Chance des Studenten, in seine Fußstapfen zu treten; Krebs' Vorbild war Otto Warburg, zu dem er jahrelang enge Beziehungen hatte; Krebs schrieb darüber ausführlich in der Warburg-Biographie [68]. Erreiche den höchstmöglichen Standard in der Arbeit und miß die eigenen Ergebnisse nur an den besten; so wirst du Demut lernen und die eigenen Errungenschaften nicht überschätzen, riet Krebs. Er lernte von Warburg, die richtigen Fragen zu stellen und sie mit neuen Forschungsmethoden zu lösen, Selbstkritik zu üben und unermüdlich die Gültigkeit seiner Forschungsergebnisse zu überprüfen. Und allem voran, lerne es, hart zu arbeiten. Krebs zitierte Liebigs Ausspruch: „Wenn Sie Chemiker werden wollen, so müssen Sie sich Ihre Gesundheit ruinieren; wer sich nicht durch Studieren die Gesundheit ruiniert, bringt es heutzutage in der Chemie zu nichts". So sagte Liebig zu Kekulé, wie dieser sich 1890 erinnerte.

Wenn wir nun alle Faktoren analysiert und alle Meinungen erwogen haben, dann kommen wir zu dem Schluß, daß die große, wenn auch keineswegs vollkommene Erholung der Wissenschaft in Deutschland als ein einzigartiger deutscher Erfolg zu werten ist. Die völlige Hingabe der Forscher an die Wissenschaft, die sorgfältige Beachtung des Details, die unermüdliche Energie, der „faustische" Forschungsgeist, das geniale Organisationstalent, all das wird kaum Nachahmer in anderen Ländern finden, falls diese jemals ihre Wissenschaft wieder aufbauen müssen. Allerdings jedoch dürfte keine dieser Qualitäten eine absolute Garantie sein gegen politische Dummheit, weder in Deutschland noch sonst irgendwo. Etwas aber können wir als erwiesen betrachten, nämlich daß hingebungsvolle Wissenschaftler immer hingebungsvolle Wissenschaftler bleiben werden, was immer um sie herum geschehen mag. Es wird stets die Verantwortung der Politiker sein, sie zu schützen, für sie zu sorgen, sie weise zu nutzen und ihre Wohltaten zu ernten - doch das wußte schon Plato (Biermann [69]).

Schlußbetrachtung

Wenn man die Erneuerung der Wissenschaft in Deutschland am Standard außergewöhnlicher Leistungen, Literaturverbreitung und der Anzahl der Nobelpreise mißt, darf man nicht daraus schließen, daß die Wiedererstehung der Wissenschaft in Deutschland schon vollendet ist. Ohne Zweifel wird in deutschen Instituten Hervorragendes geleistet, und es gibt eine Elite von Wissenschaftlern, aber der allgemein hohe Standard der Wissenschaft, wie er im Deutschland von 1930 existierte, ist noch nicht wiedererlangt worden. Vielleicht war die Erweiterung der wissenschaftlichen Einrichtungen Ende der 60er Jahre zu schnell und zu leicht vor sich gegangen, wodurch der Auswahlstandard sowohl für die Studenten als auch für die Lehrkräfte erniedrigt wurde. Die politisch angefachte Studentenrevolte Ende der 60er Jahre hat der Wissenschaft auch großen Schaden angetan, und es mag Jahre dauern, diese Ausschreitungen zu kompensieren. Wahrscheinlich aber ist der Hauptgrund für die noch unvollkommene Rückkehr zu allgemein hoher Qualität der große Verlust an Menschen, die im Krieg getötet oder zwischen 1933 und 1945 zur Auswanderung gezwungen wurden. Man kann nur annehmen, daß es länger als eine Generation dauern wird, diesen tragischen Verlust zu ersetzen.

Danksagungen

Mein Dank gilt vor allem Prof. Dr. Reimar Lüst, Präsident der Max-Planck-Gesellschaft, München, für seine Anregung, diesen Bericht zu schreiben. Folgende Personen stellten mir Zeit, Meinungen und ihre Erinnerungen zur Verfügung; ich bin ihnen sehr zu Dank verpflichtet:
Prof. Dr. Siegfried Balke, München; Dr. Franz J. Biermann, Washington DC; Erika Bollmann, München; Dr. Walter Borst, Hannover; Prof. Dr. Adolf Butenandt, München; Beatrice Fromm, München; Dr. Eugene Garfield, Philadelphia; Robert Gerwin, München; Dr. F. Goerlich, Bonn; Dr. L.F. Haber, London; Prof. Dr. Otto Haxel, Heidelberg; Dipl.-Ing. A. Jacobsen, Mainz; Jost Lemmerich, Berlin; Prof. Dr. Heinz Maier-Leibnitz, München; Prof. Dr. Hans Mohr, Freiburg; Dr. Rolf Neuhaus, Berlin; Dr. Heinrich Pfeiffer, Bonn; Prof. Dr. Hans-Joachim Queisser, Stuttgart; Dr. Josef Rembser, Bonn; Hans Rotta, Stuttgart; Prof. Dr. Peter Sitte, Freiburg; Prof. Dr. Günter Stock, Heidelberg; Silvia Sandow, Berlin; Dr. Roswitha Schmid, München; Prof. Dr. Karl Winnacker, Frankfurt-Höchst; Dr. Marie Luise Zarnitz, Hannover. A. R. M.

Literatur

[1] J. P. O'Donnell: The Berlin Bunker. Dent. London 1979.
[2] A. R. Michaelis: The restoration of science in Germany. New Scientist Nr. 331 (21. März 1963).
[3] Alan D. Beyerchen: Scientists under Hitler. Yale University Press. New Haven 1977.
[4] David Nachmansohn: German-Jewish Pioneers in Science 1900–1933. Springer-Verlag. Berlin, Heidelberg, New York 1979.
[5] A. Unsöld: Albert Einstein – Ein Jahr danach. Phys. Bl. **36** (11), 337 (1980); s. auch MPG Spiegel Nr. 4, S. 21 (1973).
[6] Günter Wendel: Die Kaiser-Wilhelm-Gesellschaft 1911–1914. Zur Anatomie einer imperialistischen Forschungsgesellschaft. Akademie Verlag. Berlin 1975.
[7] Willi A. Boelcke: Deutschlands Rüstung im Zweiten Weltkrieg. Hitlers Konferenzen mit Albert Speer 1942–1945. Selbstverlag. Frankfurt/Main 1969; W. Birkenfeld: Der synthetische Treibstoff 1933–1945. Ein Beitrag zur nationalsozialistischen Wirtschafts-und Rüstungspolitik. Göttingen 1963; G. Janssen: Das Ministerium Speer. Deutschlands Rüstung im Krieg. Frankfurt/Main, Berlin 1963; E. Leeb: Aus der Rüstung des Dritten Reiches (Das Heereswaffenamt 1938–1945). Berlin, Frankfurt/Main 1958; R. Lusar: Die deutschen Waffen und Geheimwaffen des 2. Weltkrieges und ihre Weiterentwicklung. München 1964; A. Wagner: Rüstung im Dritten Reich unter Albert Speer. In: Technikgeschichte, Bd. 33 (1966).
[8] R. V. Jones: Scientific Intelligence. Research **9,** 347–352 (1956) und J. R. United Serv. Inst. **99,**352 (1947), später erweitert zu einem Buch: Most Secret War (Engl. Ausg.) oder The Wizard War (Amerik. Ausg.). Coward, McCann and Geoghegan Inc. New York 1978.
[9] Alfred Price: Instruments of Darkness. William Kimber. London 1967.
[10] David Irving: The Mare's Nest. (V-Waffen). William Kimber. London 1964; The Virus House (Atomforschung). William Kimber. London 1967.
[11] Gerald Pawle: The Secret War, 1939–1945. Harrap. London 1956.
[12] J. G. Crowther, R. Whiddington: Science at War. HMSO. London 1947.
[13] J. B. S. Haldane: Science in Peace and War. Lawrence and Wishart. London 1940.
[14] T. W. Corbin: The Romance of War Inventions. Seeley, Service and Co. London 1918.
[15] Die Geschichte der Kaiser-Wilhelm-Gesellschaft und Max-Planck-Gesellschaft 1945–1949. Unveröffentlicht. Festgabe an Otto Hahn zum 70. Ge-

burtstag, 8. März 1949. Siehe auch J. Lemmerich: Dokumente zur Gründung der KWG und der MPG. Ausstellungs-Katalog, Berlin 1981. Im Archiv zur Geschichte der Max-Planck-Gesellschaft, Garystraße 32, 1000 Berlin 33.
[16] Otto Hahn: Commentary: Scientific resources and needs in Germany. Research **2,** 497–502 (1949).
[17] Kurt Zierold: Forschungsförderung in drei Epochen. Franz Steiner Verlag. Wiesbaden 1968.
[18] T. Nipperdey, L. Schmugge: 50 Jahre Forschungsförderung in Deutschland. Ein Abriß der Geschichte der Deutschen Forschungsgemeinschaft, 1920–1970. DFG. Bonn 1970.
[19] A Handbook of Scientific and Academic Life in Western Germany. Hrsg. Stifterverband für die Deutsche Wissenschaft, in Zusammenarbeit mit Inter-Nationes. Essen 1957.
[20] Sir Gavin de Beer: The Sciences were Never at War. Thomas Nelson and Sons. London 1960.
[21] Wolfgang Gentner: Gespräche mit Frédéric Joliot-Curie im besetzten Paris 1940–1942. Max-Planck-Institut für Kernphysik. Heidelberg, September 1980.
[22] B. K. Blount: Ursprung der Max-Planck-Gesellschaft. Maschinengeschriebenes Dokument, um 1948. Im Archiv zur Geschichte der Max-Planck-Gesellschaft, Garystraße 32, 1000 Berlin 33. Siehe auch MPG Spiegel Nr. 5, S. 28 (1977).
[23] Ernst Telschow zum 85. Geburtstag. MPG Spiegel Nr. 7, S. 21 (1974).
[24] R. Kuhn zitierte offenbar einen Satz aus P. Walden: Geschichte der Organischen Chemie seit 1880. Band II, S. 910.
[25] Werner Röder: Schicksalsbuch deutscher Emigration. Forschung, Mitteilungen der DFG Nr. 4, S. 21 (1980). Harald Boldt Verlag. Boppard 1980.
[26] Friedrich G. Friedmann: Auswanderung und Rückkehr - Gedanken zur nationalsozialistischen Universität. In: Die deutsche Universität im Dritten Reich. Piper Verlag. München 1966.
[27] Heinz A. Staab: ‚Unzeitgemäße Betrachtungen‘ zur Hochschulreform. Ruperto-Carola, Z. Ver. Freunde der Studentenschaft Univ. Heidelberg XXI, 46 (Juni 1969).
[28] Sir Hans Krebs: Der Werdegang eines Wissenschaftlers. Naturw. Rundsch. **21,** 231–236 (1968); Nature **215,** 1244 (1967).
[29] A. Bartlett Giamatti: Science and the University. Science **210,** 984–987 (1980).
[30] Werner Heisenberg: Heutige Aufgaben und Probleme bei der Förderung wissenschaftlicher Forschung in Deutschland. Universitas **19** (10), 1009 (1964).
[31] Herwig Schopper: Großforschung in der Bundesrepublik Deutschland. Arbeitsgemeinschaft der Großforschungseinrichtungen, Ahrstraße 45, Bonn (1980).
[32] J. Rembser: Government Promotion of Technological Progress in the Federal Republic of Germany. Vortrag am Ifo-Institut, München, 30. September

1980. Diese und viele andere Veröffentlichungen sind erhältlich vom Bundesministerium für Forschung und Technologie, Heinemann Straße 2, 5300 Bonn.
[33] L. F. Haber: The Chemical Industry during the Nineteenth Century. Clarendon Press. Oxford 1958.
[34] W. J. Reader: Imperial Chemical Industries - A History. Vol.I: The Forerunners 1870–1926; Vol. II: The First Quarter-Century 1926–1952. Oxford University Press. Oxford 1970, 1975.
[35] Ernst Bäumler: Ein Jahrhundert Chemie. Econ Verlag. Düsseldorf 1963.
[36] Wilhelm Roggersdorf: In the Realm of Chemistry. Pictures from Past and Present. Badische Anilin und Soda Fabrik AG. Ludwigshafen am Rhein. Econ Verlag. Düsseldorf 1965.
[37] CIBA: The Story of the Chemical Industry in Basle. Urs Graf Publishers. Olten, Lausanne 1959.
[38] Alfred Bürgin: Geschichte des Geigy-Unternehmens von 1758 bis 1939; und: Geigy heute. J. R. Geigy SA. Basel 1958.
[39] Joseph Borkin: The Crime and Punishment of IG Farben. André Deutsch. London 1979.
[40] Dermot A. O'Sullivan: R&D gets heavy emphasis in West Germany. Chem. Eng. News S. 15 (18. Februar 1980). Siehe auch Paul Gibson: How the Germans dominate the world chemical industry. Forbes S. 155 (13. Oktober 1980).
[41] Paul Präve: Biotechnology: The industrial production of natural substances. Interdiscipl. Sci. Rev. **1**, 85 (1976).
[42] Erich Schott: 25 Jahre Schott in Mainz. Schott Information Nr. 2, S. 3 (1977).
[43] Fritz Haber: Aus Leben und Beruf. Springer-Verlag. Berlin 1927. Siehe auch: Die Notgemeinschaft der Deutschen Wissenschaft. In: Chemikerzeitung (8. Januar 1921).
[44] F.-E. Nord: Fünfzehn Jahre Stifterverband. Herausgeber von Vademecum Deutscher Lehr- und Forschungsstätten. 7. Aufl. Stifterverband. Essen 1978.
[45] Rudolf Kerscher: Die Stiftung Volkswagenwerk. Boldt Verlag. Bonn 1972.
[46] Alexander Dées de Sterio: Nobelpreisträger in Lindau. Belser AG. Stuttgart, Zürich 1963; Nobel führte sie zusammen. Belser AG. Stuttgart, Zürich 1975.
[47] C. Neuberg: Festschrift der Kaiser-Wilhelm-Gesellschaft zu ihrem Zehnjährigen Jubiläum. Verlag Julius Springer. Berlin 1921.
[48] F. Glum: Die Kaiser-Wilhelm-Gesellschaft, ihre Forschungsaufgaben, ihre Institute und ihre Organisation. In: L. Bauer et al.: Forschungsinstitute, ihre Geschichte, Organisation und Ziele. Band I. S. 359. Hartung Verlag. Hamburg 1930.
[49] Adolf Butenandt: Über den Standort der Max-Planck-Gesellschaft im Wissenschaftsgefüge der Bundesrepublik Deutschland. In: 50 Jahre Kaiser-Wilhelm-Gesellschaft und Max-Planck-Gesellschaft zur Förderung der Wissenschaften. Max-Planck-Gesellschaft. Göttingen 1961.
[50] Otto Hahn: Ernst Telschow zum 65. Geburtstag. In: B. Rajewski, G. Schreiber: Aus der Deutschen Forschung der letzten Dezennien. Thieme Verlag. Stuttgart 1954.

[51] Karl Winnacker, Karl Wirtz: Kernenergie in Deutschland. Econ Verlag. Düsseldorf 1975.
[52] Julius Speer: Nobelpreise im Wechsel der Zeit. Umschau **77,** Nr. 18, S. 591 (1977).
[53] Armin Hermann et al.: German Nobel Prizewinners. H. Moos Verlag. München, in Zusammenarbeit mit Inter-Nationes. Bad Godesberg 1968.
[54] Peter Sitte: Biologie – Kritisches zu ihrem Selbstverständnis und ihrer Situation an den Universitäten der Bundesrepublik. Freiburger Universitätsblätter Nr. 24 (Mai 1969). Verlag Rombach. Freiburg 1969.
[55] Eugene Garfield: La science française est-elle trop provinciale? La Recherche **7,** 757 (1976); Significant journals of science. Nature **264,** 609 (1976). Nachdruck in: Essays of an Information Scientist. ISI Press. Philadelphia 1980.
[56] Konrad F. Springer, persönliche Mitt., Heidelberg 1979.
[57] Wolfgang Gerok: Zur Lage und Verbesserung der klinischen Forschung in der Bundesrepublik Deutschland. Deutsche Forschungsgemeinschaft. Boldt Verlag. Boppard 1979.
[58] Alan Shrank: The pounds, francs and marks of health care – and why Britain is so far down the league table. The Times, London (29. Oktober 1980).
[59] Walter Scheel, Feier der 100. Geburtstage von Albert Einstein, Otto Hahn, Lise Meitner, Max von Laue. Max-Planck-Gesellschaft Berichte und Mitteilungen. München, September 1979.
[60] Albrecht Unsöld, German physics in row about Einstein. Nature **290,** 535 (1981). Siehe auch [5].
[61] Frank Barnaby: Social and economic reverberations of military research. Impact **31** (1), 73 (1981).
[62] Heinz Maier-Leibnitz: An der Grenze zum Neuen. Rollenverteilung zwischen Forschern und Politikern in der Gesellschaft. Edition Interfrom. Zürich 1977; Zwischen Wissenschaft und Politik. Ausgewählte Reden und Aufsätze 1974–1979, und Vorschläge. Boldt Verlag. Boppard 1979, 1980.
[63] Eduard Pestel: Unsere Chance heißt Vernunft. G. Westermann Verlag. Braunschweig 1980.
[64] Reimar Lüst: The social responsibility of the scientific community. Interdiscipl. Sci. Rev. **4,** 6 (1979); Freedom and the Responsibility of science: Science and the public. Interdiscipl. Sci. Rev. **5,** 260 (1980).
[65] Hans Mohr: Unsere Verantwortung für die Zukunft der Wissenschaft. Festvortrag 11. Okt. 1979. Medizin. Welt **31** (2), 45 (1980); Erkenntnis und Problem-Lösung – ein Beitrag zur Rechtfertigung der Grundlagenforschung. Bund Freiheit der Wissenschaft, Bismarckstraße 5, 6940 Weinheim; The ethics of science. Interdiscipl. Sci. Rev. **4,** 45 (1979).
[66] A. R. Michaelis: Chaim Weizmann: His Living Memorial the Institute Bearing his Name. Anglo-Israel Association. London 1974.
[67] La recherche publique dans les principaux pays d'Europe en 1976 (pourcentage du budget). Science et Vie, S. 29 (November 1979). Siehe auch: Defence gobbles up Britain's R+D budget. New Scientist **88,** 355 (1980).
[68] Hans Krebs, Roswitha Schmid: Otto Warburg, Zellphysiologe, Biochemi-

ker, Mediziner, 1883–1970. Wissenschaftliche Verlagsgesellschaft mbH. Stuttgart 1979.
[69] Franz J. Biermann, Brief an A. R. Michaelis (16. Februar 1981).
[70] Marie Luise Zarnitz: Molekulare und physikalische Biologie. Vandenhoek und Ruprecht. Göttingen 1968.
[71] Andrew Hargrave: Germany tackles the Energy Challenge. Scient. American S. 62 (Juli 1981).
[72] Naturw. Rundsch. **28,** 189 (1975); **33,** 233 (1980).
[73] Nobelpreisträger Rundschau. Hrsg. Roswitha Schmid, W. Wessinger. Wissenschaftliche Verlagsgesellschaft mbH. Stuttgart 1981.
[74] H. Schöne: Deutsche Forschungsgemeinschaft. Droste Verlag. Düsseldorf 1981.
[75] Thomas Stamm: Zwischen Staat und Selbstverwaltung. Die deutsche Forschung im Wiederaufbau 1945–1965. Verlag Wissenschaft und Politik, Berend von Nottbeck. Köln 1981.
[76] Norbert Günther: Ernst Abbe. Schöpfer der Zeiss-Stiftung. 2. verb. Aufl. Wissenschaftliche Verlagsgesellschaft mbH. Stuttgart 1951.
[77] Karl-Erik Zimen, in: 100. Geburtstage von Albert Einstein, Otto Hahn, Lise Meitner, Max von Laue. Paperback der Zeitschrift Naturwissenschaftliche Rundschau. Wissenschaftliche Verlagsgesellschaft mbH. Stuttgart 1979.

Personenverzeichnis

Abbe, Ernst (1840–1905), Physiker und Sozialreformer, Jena. Beiträge zur Theorie des Mikroskops und der mikroskopischen Wahrnehmung. Entwicklung und Einsatz achromatischer Objektive. Erst Teilhaber, später Inhaber der Carl-Zeiss-Werke in Jena, Angliederung des Glaswerkes Schott.

Abderhalden, Emil (1877–1950), physiologischer Chemiker, Berlin, Halle, Zürich. Arbeitete über Stoffwechsel, Eiweißchemie, Enzyme und Hormone. Präsident der Deutschen Akademie der Naturforscher Leopolina zu Halle von 1932 bis 1950.

Alder, Kurt (1902–1958), Chemiker, Köln. Abteilungsvorstand im wissenschaftlichen Labor der IG-Farben (Leverkusen). 1950 Nobelpreis für Chemie, zusammen mit Otto Diels, Kiel, für die Entwicklung der Dien-Synthese.

Bayer, Otto (1902–1982), organischer Chemiker, Köln, Leverkusen. Aufsichtsratsvorsitzender der Bayer AG, Honorarprofessor an der Universität Köln, Senator der Max-Planck-Gesellschaft.

Benz, Carl-Friedrich (1844–1929), Ingenieur, Karlsruhe, Mannheim. Gründete die Benz & Cie Gasmotorenfabrik in Mannheim, konstruierte (zeitgleich mit Daimler) einen liegenden Einzylinder-Viertakt-Benzinmotor und das erste entwicklungsfähige Kraftfahrzeug.

Bergius, Friedrich (1884–1949), Chemiker, Heidelberg. Erfand die Kohlehydrierung („Leuna-Benzin" der IG Farbenindustrie A.G.) und arbeitete über Holzverzuckerung. 1931 Nobelpreis für Chemie, zusammen mit Carl Bosch.

Bergmann, Siegmund (1851–1927), Elektroingenieur, Berlin, und Mitarbeiter von T. A. Edison (USA). Gründete die Bergmann-Electricitätswerke A.G. und erfand ein Isolierrohr für elektrische Leitungen („Bergmannrohr").

Blount, Bertie Kennedy (geb. London 1907), britischer Chemiker (Schüler von Walter Borsche, Frankfurt), 1945 in Deutschland Direktor der Abteilung Wissenschaft und Forschung der Kontrollkommission (britische Zone). War maßgebend an der Wiedergründung der Kaiser-Wilhelm-Gesellschaft und Umbenennung in Max-Planck-Gesellschaft beteiligt.

Born, Max (1882–1970), Physiker, Berlin, Frankfurt, Göttingen, Cambridge, Edinburgh, Bad Pyrmont. 1954 Nobelpreis für Physik für Arbeiten über Quantenmechanik.

Borsche, Walter (1877–1950), organischer Chemiker, Frankfurt.

Bosch, Carl (1874–1940), Chemiker, Köln, Ludwigshafen, Heidelberg. Aufsichtsratvorsitzender der IG Farbenindustrie A.G., Präsident der Kaiser-Wilhelm-Gesellschaft von 1937 bis 1940. 1931 Nobelpreis für Chemie, zusammen mit

Friedrich Bergius, Heidelberg, für die Erfindung und Entwicklung chemischer Hochdruckverfahren.

Bothe, Walther (1891–1957), Physiker, Berlin, Gießen, Heidelberg. Direktor des Instituts für Physik am Kaiser-Wilhelm-Institut für medizinische Forschung in Heidelberg. 1954 Nobelpreis für Physik für die Koinzidenzmethode und damit gemachte Entdeckungen.

Braun, Wernher von (1912–1977), Raketenkonstrukteur, zunächst in Peenemünde (Bau der V2), seit 1945 in den USA. Seine Raumfahrtprojekte (Jupiter- und Saturn-Raketen) waren grundlegend für die Apollo-Expeditionen zum Mond.

Bunsen, Robert W. (1811–1899), Chemiker, Göttingen, Kassel, Marburg, Breslau, Heidelberg. Entwickelte das Bunsenelement, den Bunsenbrenner, das Eiskalorimeter und vieles andere.

Butenandt, Adolf (geb. 24. März 1903), Biochemiker, Danzig, Berlin, Tübingen, München. Professor em. für Physiologische Chemie an der Universität München, Direktor em. des Max-Planck-Instituts für Biochemie. 1939 Nobelpreis für Chemie für Arbeiten über Sexualhormone. Präsident der Max-Planck-Gesellschaft von 1960 bis 1972.

Daimler, Gottlieb (1834–1900), Maschineningenieur, Stuttgart. 1883 Patent auf einen Verbrennungsmotor. Konstruierte (neben C. Benz) die ersten Kraftfahrzeuge. Gründete 1890 die Daimler-Motoren-Gesellschaft.

Dale, Sir Henry (1875–1968), englischer Physiologe und Pharmakologe, London. 1936 Nobelpreis für Physiologie und Medizin, zusammen mit dem Österreicher Otto Loewi, für Entdeckungen zur chemischen Übertragung von Nervenimpulsen.

Dam, Henrik (1895–1976), dänischer Biochemiker, Kopenhagen. 1943 Nobelpreis für Physiologie und Medizin für die Entdeckung des Vitamin K.

Debus, Kurt (geb. 29. November 1908), Elektroingenieur, Darmstadt, Peenemünde, Direktor am Kennedy Space Center/Florida. Mitarbeiter von W. von Braun, verantwortlich für den Start der Apollo-Raketen.

Diels, Otto Paul (1876–1954), Chemiker, Berlin, Kiel. 1950 Nobelpreis für Chemie, zusammen mit seinem Schüler Kurt Alder, für die Dien-Synthese.

Diesel, Rudolf (1858–1913), Maschineningenieur, Augsburg, München, Berlin, Paris. Konstruierte einen Hochdruckverbrennungsmotor, den nach ihm benannten, jetzt weltweit verbreiteten Diesel-Motor.

Domagk, Gerhard (1895–1964), Pathologe und Bakteriologe, Münster, Wuppertal-Elberfeld. Direktor der Farbenfabriken Bayer AG. Entwickelte Tuberkulose-Heilmittel und führte die Sulfonamide ein. 1939 Nobelpreis für Physiologie und Medizin für die Entdeckung der antibakteriellen Wirkung von Prontosil.

Drygalski, Erich von (1865–1949), Geograph, Geophysiker und Glaziologe, München. Leitete erfolgreiche wissenschaftliche Expeditionen zur Antarktis (1901–1903) und 1910 Flug mit Graf Zeppelin nach Spitzbergen.

Eigen, Manfred (geb. 9. Mai 1927), Chemiker, Göttingen. Direktor am Max-Planck-Institut für biophysikalische Chemie. 1967 Nobelpreis für Chemie, geteilt mit Ronald Norrish, Cambridge/England, und Sir George Porter, London, für ihre Untersuchungen über extrem schnelle chemische Reaktionen.

Einstein, Albert (1879–1955), Physiker, Zürich, Prag, Berlin, Princeton. Begründer der Speziellen Relativitätstheorie. Schluß auf allgemeine Äquivalenz von Masse und Energie. Allgemeine Relativitätstheorie. 1921 Nobelpreis für Physik für Beiträge zur theoretischen Physik, insbesondere für die Entdeckung des Gesetzes des photoelektrischen Effekts. Seine Versuche, eine einheitliche Theorie der Materie aufzustellen, blieben ohne endgültigen Erfolg.

Euler-Chelpin, Hans von (1873–1964), deutsch-schwedischer Biochemiker, Stockholm. 1929 Nobelpreis für Chemie für Arbeiten über die Zuckergärung und Gärungsenzyme.

Fischer, Ernst Otto (geb. 10. November 1918), Chemiker, München. Leiter des Anorganisch-chemischen Instituts und Professor an der Technischen Universität München. 1973 Nobelpreis für Chemie, zusammen mit Sir Geoffrey Wilkinson, London, für Arbeiten über die Chemie der Organometalle, der sogenannten Sandwich-Verbindungen.

Forßmann, Werner (1904–1979), Chirurg, Düsseldorf. Entwickelte die Herzkatheterisierung. 1956 Nobelpreis für Physiologie und Medizin, zusammen mit André Cournand, New York, und Dickinson W. Richards, New York, für Entdeckungen zur Herzkatheterisierung und über pathologische Veränderungen im Kreislaufsystem.

Franck, James (1882–1964), deutsch-amerikanischer Physiker, Göttingen, Baltimore, Chicago. 1925 Nobelpreis für Physik, zusammen mit Gustav Hertz, Halle, für die Entdeckung der Gesetze, die beim Zusammenstoß eines Elektrons mit einem Atom herrschen.

Fraunhofer, Joseph von (1787–1826), Physiker und Glastechniker, München, Benediktbeuern. Entdecker der Absorptionslinien im Sonnenlichtspektrum, im Spektrum der Venus und in vielen Sternen.

Friedmann, Friedrich G. (geb. 14. März 1912), Amerikanist, Universität von Arkansas, Fayetteville; Aurora, Evanston, jetzt Leiter des Amerika-Instituts der Universität München.

Gentner, Wolfgang (1906–1980), Physiker, Freiburg, Genf, Heidelberg. Direktor des Max-Planck-Instituts für Kernphysik in Heidelberg.

Gerok, Wolfgang (geb. 27. März 1926), Mediziner, Tübingen, Marburg, Mainz, Freiburg. Spezialgebiete Gastroenterologie, Hepatologie, Stoffwechsel. Vizepräsident der Deutschen Forschungsgemeinschaft.

Glum, Friedrich (1891–1974), Jurist, Berlin. Generalsekretär der Kaiser-Wilhelm-Gesellschaft von 1921 bis 1937.

Grünewald, Herbert (geb. 12. September 1921), Chemiker, Heidelberg. 1956 Eintritt in das Bayerwerk Leverkusen, seit 1974 Vorstandsvorsitzender der Bayer AG, Vorsitzender der Carl-Duisberg-Gesellschaft, Honorarprofessor für Technische Chemie an der Universität Bonn.

Haber, Fritz (1868–1934), führender physikalischer Chemiker, Karlsruhe, Berlin-Dahlem. 1918 Nobelpreis für Chemie für die Ammoniaksynthese aus den Elementen Stickstoff und Wasserstoff (Grundlage für das Haber-Bosch-Verfahren).

Hahn, Otto (1879–1968), Chemiker, Atomforscher, Berlin, Göttingen. 1944 Nobelpreis für Chemie für die Entdeckung der Spaltung von Atomkernen.

Direktor des Kaiser-Wilhelm-Instituts für Chemie in Berlin-Dahlem; 1946 Präsident der Kaiser-Wilhelm-Gesellschaft, erster Präsident der Max-Planck-Gesellschaft (1948–1960).

Harnack, Adolf von (1851–1930), bedeutender evangelischer Theologe des Wilhelminischen Zeitalters, Leipzig, Gießen, Marburg, Berlin. Erster Präsident (1911–1930) der auf seinen Vorschlag gegründeten Kaiser-Wilhelm-Gesellschaft.

Heisenberg, Werner (1901–1976), theoretischer Physiker, Leipzig, Berlin, Göttingen, München. Bedeutende Forschungen über die Struktur des Atomkerns. Nobelpreis für Physik 1932 für die Begründung der Quantenmechanik.

Helmholtz, Hermann von (1821–1894), Physiologe und Physiker, Königsberg, Bonn, Heidelberg, Berlin. Bedeutende Entdeckungen auf dem Gebiet der Physiologie (Nerven), Akustik, Optik, Thermodynamik und Elektrodynamik.

Hertz, Gustav (1887–1975), Physiker, Halle, Berlin, Suchumi (UdSSR), Leipzig. Nobelpreis für Physik 1925, zusammen mit James Franck, Göttingen, für die Entdeckung der Gesetze, die beim Zusammenstoß eines Elektrons mit einem Atom herrschen.

Hirzebruch, Friedrich (geb. 17. Oktober 1927), Mathematiker, Münster, Princeton, Bonn. Direktor des Max-Planck-Instituts für Mathematik in Bonn-Beuel.

Humboldt, Alexander von (1769–1859), Naturforscher und Geograph, Berlin, Paris. Unternahm Forschungsreisen nach Mittel-und Südamerika und Rußland (Sibirien) und eröffnete eine Blütezeit der Naturwissenschaften in Deutschland.

Jensen, J. Hans D. (1907–1973), Kernphysiker, Hannover, Hamburg, Heidelberg. Entwickelte zeitgleich mit Maria Göppert-Mayer das Schalenmodell des Atomkerns. Beide erhielten 1963 den Nobelpreis für Physik (geteilt mit Eugen Wigner, Princeton) für die Entdeckung der Atomkern-Schalenstruktur.

Joliot, Frédéric (1900–1958), Irène Joliot-Curie (1897–1956), Physiker, Paris. Beide untersuchten Elementarvorgänge an Atomkernen und entdeckten 1934 die künstlich radioaktiven Stoffe. 1935 Nobelpreis für Chemie für ihre gemeinsam durchgeführten Synthesen von neuen radioaktiven Elementen.

Karlson, Peter (geb. 11. Oktober 1918), Biochemiker, Marburg. Professor für Physiologische Chemie an der Universität Marburg.

Kepler, Johannes (1571–1630), Astronom, Graz, Prag, Linz, Sagan, Regensburg. Erkannte und formulierte die Gesetze der Planetenbewegung.

Koch, Robert (1843–1910), führender Bakteriologe, Berlin. 1905 Nobelpreis für Physiologie und Medizin für seine Untersuchungen und Entdeckungen über Tuberkulose.

Krebs, Sir Hans (1900–1981), Biochemiker, Berlin, Freiburg, Sheffield, Oxford. 1953 Nobelpreis für Physiologie und Medizin (geteilt mit Fritz Lipmann, Boston) für die Entdeckung des Zitronensäurezyklus (später auch als „Krebszyklus“ bezeichnet).

Kuhn, Richard (1900–1967), organischer Chemiker und Biochemiker, Zürich, Heidelberg. Direktor des Kaiser-Wilhelm-(später Max-Planck-)Instituts für medizinische Forschung. 1938 Nobelpreis für Chemie für Arbeiten über Carotinoide und Vitamine.

Langevin, Paul (1872–1946), Physiker, Paris. Arbeitete über Elektronentheorie und führte Einsteins Relativitätstheorie in Frankreich ein.

Laue, Max von (1879–1960), Physiker (Schüler von Max Planck), Frankfurt, Berlin, Göttingen. 1914 Nobelpreis für Physik für die Entdeckung der Beugung von Röntgenstrahlen beim Durchgang durch Kristalle.

Lenard, Philipp (1862–1947), Physiker, Breslau, Aachen, Kiel, Heidelberg. Forschte über Kathodenstrahlen und Balloelektrizität, führte die Einheit Elektronenvolt ein; bekämpfte Einsteins Relativitätstheorie als „jüdische Physik". 1905 Nobelpreis für Physik für seine Arbeiten über Kathodenstrahlen.

Liebig, Justus von (1803–1873), Chemiker, Gießen, München. Förderte die Organische Chemie entscheidend und führte die künstliche Düngung ein.

Lüst, Reimar (geb. 25. März 1923), Physiker, Göttingen, München. Präsident der Max-Planck-Gesellschaft seit 1972.

Lynen, Feodor (1911–1979), Biochemiker, München. Direktor des Max-Planck-Instituts für Biochemie. 1964 Nobelpreis für Physiologie oder Medizin, zusammen mit Konrad Bloch, Cambridge/Mass., für die Entdeckungen über Mechanismus und Regulation des Cholesterin-und Fettsäure-Stoffwechsels.

Maier-Leibnitz, Heinz (geb. 28. März 1911), Physiker (Schüler von James Franck), Heidelberg, Grenoble, München. Prof. em. für Technische Physik an der Technischen Universität München. Präsident der Deutschen Forschungsgemeinschaft von 1973 bis 1979. Kanzler des Ordens Pour le mérite für Wissenschaften und Künste.

Meitner, Lise (1878–1968), Physikerin, Berlin, Stockholm, Cambridge/England. Langjährige Mitarbeiterin von Otto Hahn. Hatte bedeutenden Anteil an den Forschungen, die zur Entdeckung der Kernspaltung führten.

Mendelssohn, Franz von (1865–1935), Bankier, Berlin. Wurde 1914 Präsident der Industrie- und Handelskammer. Erster Schatzmeister der Kaiser-Wilhelm-Gesellschaft.

Messerschmitt, Willy (1898–1978), deutscher Flugzeugkonstrukteur, Bamberg, Augsburg, Estepona/Málaga. Gründete 1923 die Messerschmitt-Flugzeugbaugesellschaft Bamberg. Bekannteste Typen: Me 109 (Jagdflugzeug), Me 109 R, Me 262 (1943, erstes in Serie hergestelltes Düsenflugzeug); baute nach 1945 Kabinenroller, seit 1948 Me 200 als Schuldüsenjäger in Spanien.

Mößbauer, Rudolf (geb. 29. Januar 1929), Physiker, Heidelberg, München. Professor für Experimentalphysik an der Technischen Universität München. 1961 Nobelpreis für Physik (geteilt mit Robert Hofstadter, Stanford) für Untersuchungen über Gammastrahlen-Resonanzabsorption und seine damit gemachte Entdeckung des nach ihm benannten Effekts.

Mohr, Hans (geb. 11. Mai 1930), Entwicklungsphysiologe, Tübingen, Freiburg. Professor für Botanik an der Universität Freiburg.

Müller, Paul Hermann (1899–1965), Chemiker, Basel. Direktor in der J. R. Geigy AG. 1948 Nobelpreis für Physiologie und Medizin für die Entdeckung der starken Wirkung von DDT als Kontaktgift gegen mehrere Arthropoden.

Murphy, William P. (geb. 6. Februar 1892), Mediziner, Boston. 1934 Nobelpreis für Physiologie und Medizin, zusammen mit George Whipple, Rochester, und George Minot, Cambridge/Mass., für Entdeckungen über Lebertherapie in Fällen von Anämie.

Nord, Ferdinand-Ernst (1898–1981), Mediziner, Essen. Vorsitzender des Stifterverbandes für die Deutsche Wissenschaft von 1949 bis 1965.

Pauling, Linus (geb. 28. Februar 1901), Chemiker, Pasadena, Stanford, Palo Alto, Kalifornien. 1954 Nobelpreis für Chemie, für seine Arbeiten über die Natur der chemischen Bindungen und ihre Anwendung bei der Aufklärung der Struktur von komplizierten Substanzen. 1962 Friedens-Nobelpreis.

Perkin, Sir William Henry (1838–1907), Chemiker und Industrieller, London, Harrow, Sudbury. Erstes Patent (1856) für die künstliche Herstellung von Farbstoffen (Anilinfarbstoffe).

Pestel, Eduard (geb. 29. Mai 1914), Physiker, Hannover. Professor für Mechanik und Direktor des Instituts für Mechanik der Technischen Universität. Arbeitsgebiet Festkörpermechanik.

Planck, Max (1858–1947), Physiker, Kiel, Berlin. Entdeckte das Wirkungsquantum und begründete damit die Quantentheorie. 1918 Nobelpreis für Physik (Übergabe 1919) für seine Verdienste um die Entwicklung der Physik durch die Entdeckung der Energiequanten. Präsident der Kaiser-Wilhelm-Gesellschaft von 1930 bis 1937 und 1945 bis 1946.

Polanyi, Michael (1891–1976), Mediziner, physikalischer Chemiker, Nationalökonom, Philosoph ungarischer Herkunft. Berlin-Dahlem, Manchester, Oxford.

Porsche, Ferdinand (1875–1951), deutscher Ingenieur, Kraftwagenbauer, Wien, Stuttgart. Konstruierte unter anderem Kompressorrennwagen, Volkswagen und Porsche-Sportwagen.

Prandtl, Ludwig (1875–1953), Ingenieur und Physiker, Hannover, Göttingen. Mitbegründer der modernen Hydro- und Aerodynamik.

Präve, Paul (geb. 3. Juli 1930), Mikrobiologe, Abteilungsleiter Biotechnik, Zentralforschung II, Hoechst AG, Honorarprofessor an der Ruhr-Universität Bochum.

Raabe, Wilhelm (1831–1910), Braunschweig. Deutscher Erzähler des Realismus.

Röder, Werner (geb. 17. August 1938), Geschichtswissenschaftler, München. Leiter des Archivs des Instituts für Zeitgeschichte.

Röntgen, Wilhelm Conrad (1845–1923), Physiker, Straßburg, Gießen, Würzburg, München. 1901 Nobelpreis für Physik für seine Verdienste durch die Entdekkung der dann nach ihm benannten Strahlen.

Sammet, Rolf (geb. 21. Februar 1920), Chemiker, Frankfurt. Vorstandsvorsitzender der Hoechst AG, Senator der Max-Planck-Gesellschaft, Honorarprofessor an der Universität Frankfurt.

Schmidt-Ott, Friedrich (1860–1956), Jurist, Berlin. Deutsches Recht und Geschichte. 1917/18 Preußischer Kultusminister. Gründete 1920 die Notgemeinschaft der Deutschen Wissenschaft und war ihr Präsident bis 1934. Die Notgemeinschaft wurde 1951 mit dem Deutschen Forschungsrat zur Deutschen Forschungsgemeinschaft zusammengeschlossen.

Schopper, Herwig (geb. 28. Februar 1924), Physiker, Erlangen, Mainz, Karlsruhe, Hamburg. Kernforschung bei CERN und DESY. Professor für Experimentalphysik an der Universität Hamburg.

Schott, Otto (1851–1935), Chemiker und Industrieller, Jena. Hersteller neuer Glassorten für chemische und optische Zwecke, Begründer des Glaswerkes

„Schott & Genossen“ (zusammen mit Ernst Abbe) in Jena (1884) in Zusammenarbeit mit dem Zeisswerk.

Schott, Erich (geb. 29. März 1891), Sohn von Otto Schott, Physiker, Jena, Landshut, Mainz. Honorarprofessor an der Universität Mainz.

Seefelder, Matthias (geb. 28. Februar 1920), Chemiker, Heidelberg, Ludwigshafen. Vorstandsvorsitzender der BASF AG, Senator der Max-Planck-Gesellschaft, Honorarprofessor für Organische Chemie der Universität Heidelberg.

Seibold, Eugen (geb. 11. Mai 1918), Geologe, Karlsruhe, Tübingen, Kiel. Professor für Geologie und Paläontologie an der Universität Kiel. Präsident der Deutschen Forschungsgemeinschaft seit 1980.

Siemens, Carl Friedrich von (1872–1941), Unternehmer, London, Berlin. Mitglied der Geschäftsleitung des Siemenskonzerns, gegründet von Werner von Siemens (Carls Vater, Begründer der Elektrotechnik) und J. G. Halske 1847 als Telegraphenbauanstalt in Berlin.

Sitte, Peter (geb. 8. Dezember 1929), Biologe, Innsbruck, Heidelberg, Freiburg. Professor für Zellbiologie an der Universität Freiburg.

Speer, Julius (geb. 3. Dezember 1905), Forstwissenschaftler, München. Professor em. für Forstpolitik und forstliche Betriebswirtschaftslehre an der Universität München. Präsident der Deutschen Forschungsgemeinschaft von 1964 bis 1973.

Staab, Heinz A. (geb. 26. März 1926), Chemiker, Heidelberg. Direktor der Abteilung für Organische Chemie am Max-Planck-Institut für medizinische Forschung.

Stark, Johannes (1874–1957), Physiker, Hannover, Aachen, Greifswald, Würzburg, Berlin. 1919 Nobelpreis für Physik für die Entdeckung des Dopplereffekts an den Kanalstrahlen und die Aufspaltung der Spektrallinien im elektrischen Feld (Stark-Effekt). Vertreter der sogenannten „Deutschen Physik“.

Staudinger, Hermann (1881–1965), Chemiker, Freiburg. Begründer der Chemie der hochmolekularen Stoffe. 1953 Nobelpreis für Chemie für die Entdeckungen auf dem Gebiet der makromolekularen Chemie.

Stuhlinger, Ernst (geb. 19. Dezember 1913), Physiker, Tübingen, Huntsville. Forscht über kosmische Strahlung und Kernphysik. Wurde 1955 naturalisierter US-Bürger.

Telschow, Ernst (geb. 31. Oktober 1889), Chemiker, Berlin, Göttingen. Generalsekretär der Kaiser-Wilhelm-Gesellschaft von 1937 bis 1948, später Geschäftsführendes Mitglied des Verwaltungsrats der Max-Planck-Gesellschaft.

Unsöld, Albrecht (geb. 20. April 1905), Astrophysiker, Kiel. Einer der Begründer der Erforschung der Sternatmosphären. Professor em. für Theoretische Physik an der Universität Kiel.

Virchow, Rudolf (1821–1902), Pathologe, Würzburg, Berlin. Begründer der Zellularpathologie, Mitglied des Preußischen Abgeordnetenhauses und des Deutschen Reichstages.

Vögler, Albert (1877–1945), Industrieller und Wissenschaftspolitiker. Generaldirektor der Vereinigten Stahlwerke AG., Düsseldorf; Präsident der Kaiser-Wilhelm-Gesellschaft von 1941 bis 1945.

Warburg, Otto Heinrich (1883–1970), Zellphysiologe, Biochemiker, Mediziner,

Berlin (Kaiser-Wilhelm/Max-Planck-Institut für Zellphysiologie). 1931 Nobelpreis für Physiologie und Medizin für die Entdeckung der Natur und Wirkungsweise des Atmungsferments.

Wassermann, August P. von (1866–1925), Bakteriologe und Serologe, Berlin. Baute die Immunologie aus, förderte die Tuberkulose-und Krebsforschung, entwickelte mit Neißer und Bruck die Wassermannsche Reaktion zum Syphilis-Nachweis.

Weissermel, Klaus (geb. 14. Juni 1922), Chemiker, Frankfurt, Braunschweig. Mitglied des Vorstandes und Forschungsleiter der Hoechst AG und Honorarprofessor an der Universität Braunschweig.

Weizmann, Chaim (1874–1952), Biochemiker und Staatsmann, Manchester, Rehovot. Präsident der Zionistischen Weltorganisation und der Jewish Agency. Erster Staatspräsident Israels.

Wittig, Georg (geb. 16. Juni 1897), Chemiker, Braunschweig, Freiburg, Marburg, Tübingen, Heidelberg. 1979 Nobelpreis für Chemie, zusammen mit Herbert Brown, West Lafayette, für die Entwicklung von Bor- und Phosphorverbindungen als wichtige Reagenzien für die organische Synthese.

Zeiss, Carl (1816–1888), Optiker, Feinmechaniker und Unternehmer, Jena. Gründete 1846 eine optische Werkstatt in Jena, konstruierte optische Instrumente, ab 1866 zusammen mit Ernst Abbe. Gemeinsam mit Abbe schuf er die Zeisswerke, als dritter Teilhaber kam 1885 Otto Schott in das Unternehmen.

Zeppelin, Ferdinand Graf von (1838–1917), Luftschiffkonstrukteur und General, Berlin, Stuttgart, Friedrichshafen. Erfinder des lenkbaren Starrluftschiffs.

Ziegler, Karl (1898–1973), Chemiker, Heidelberg, Chicago, Halle, Aachen, Mülheim/Ruhr (Max-Planck-Institut für Kohlenforschung). 1963 Nobelpreis für Chemie, zusammen mit Giulio Natta, Mailand, für die Entdeckungen auf dem Gebiet der Chemie und Technologie von Hochpolymeren.